엔트리 AI 퀘스트
이재호 교수의 사고력 코딩

도서출판 홍릉

entry

엔트리 AI 퀘스트
이재호 교수의
사고력 코딩

이재호 · 장준형 · 백승욱 · 정홍원 지음

+ 누구나 할 수 있는 엔트리 AI 입문서!
+ 재미있게 만화를 읽으면서 향상되는 사고력

도서출판 홍릉

저자 약력

이재호(경인교육대학교 컴퓨터교육과 교수)

이재호교수는 1989년부터 1996년까지 한국전자통신연구원(ETRI : Electronic & Telecommunication Research Institute)의 선임연구원으로 재직하였으며, 1996년부터 국립 경인교육대학교 컴퓨터교육과에 재직 중이다. 이후 국내 컴퓨터교육과 영재교육 분야에서 왕성한 활동을 하면서 데이터베이스 시스템 총론 등 60여 권의 서적을 저술하였으며, 컴퓨터교육, 정보과학영재교육, 발명영재교육, 융합영재교육 등의 분야에서 300여 편의 학술논문을 발표하였다. 2004년 국내 최초로 현직교사 및 예비교사를 대상으로 하는 전국 교육대학 원격교육연수지원센터의 설립을 주도한 후 초대 센터장을 역임하였으며, 2011년에는 경인교육대학교 부설 융합영재교육연구소(Academy for Convergence : ACE)를 설립한 후 소장으로 활동 중이고, 2014년에는 창의적인 정보문화 환경을 조성하기 위하여 사단법인 한국창의정보문화학회를 창립한 후 학회장으로 활동 중이다. 2022년 2월까지 국내 정보교육 분야에서 최고의 권위를 자랑하는 사단법인 한국정보교육학회 회장으로 활동하였고, 국내외 영재교육을 선도하는 사단법인 한국영재학회의 회장으로도 활동 중이다. 현재는 소프트웨어 및 인공지능(AI) 기반의 융합형 교육 프로그램, 실생활과 연계된 SW/AI 코딩 교육 프로그램, 발명특허 교육 프로그램 등에 대한 연구와 콘텐츠를 개발 중이다. 대표적인 저서로는 '생활 속 ICT의 발견', '생활 속 SW 코딩의 발견 ① –신호등 SW–', '생활 속 SW 코딩의 발견 ② –자동판매기 SW–', '컴퓨터랑 코딩해' 등이 있다.

장준형

장준형선생은 1999년 교직에 입문하여 현재 오마초등학교에 근무하는 초등교사다. SW선도학교가 처음 도입된 2014년부터 학생들에게 SW와 메이킹 분야를 지도하였다. 사단법인 한국창의정보문화학회 소속 교사연구회 위원장으로서 쉽고 재미있게 가르치는 방법을 항상 배우고 연구하는 현직교사이다. 다양한 SW교육 교재와 학술논문 등을 발표하였고, 경인교육대학교 교육대학원 초등컴퓨터교육 박사학위를 취득하였다.

백승욱

백승욱선생은 2007년 교직에 입문하여 현재 송우초등학교에 근무하는 초등교사다. 경인교대 교육대학원에서 컴퓨터교육을 전공하였다. 2012년도부터는 영재학급 강사로 활동하고 있다.

정홍원

정홍원선생은 2013년 교직에 입문하여 현재 인천청천초등학교에 근무하는 초등교사이다. 현재 경인교대 교육대학원에서 컴퓨터교육 박사과정에 재학 중이다.

Preface

이재호교수의 사고력 코딩(엔트리 AI) 교재를 출간하면서...

이 책은 '이재호교수의 사고력 코딩' 교재의 두 번째 시리즈이다.
첫 번째 시리즈는 '스크래치 3.0'의 출시에 맞추어 출간하였고, 이번에 출간하는 두 번째 시리즈는 인공지능(Artificial Intelligence: AI) 교육의 중요성을 인식하고 본격적인 AI 교육이 시작되는 시점에 출간하게 되었다.

현재는 AI가 우리의 삶 속 깊숙이 들어와서, AI가 없는 세상을 상상하기도 어렵다.

얼마 전까지만 해도 머지않은 시기에 AI가 인간 세상의 직업을 모두 없앨 것이라는 공포감을 표현하기 위하여 "AI가 오고 있다(AI is coming)."는 문구를 사용하면서 세상 사람들에게 경고하였다. 즉, AI 시대를 살아갈 미래 세대들에게 AI 교육을 시행함으로써, 대비해야 한다는 경고의 메시지를 보내는 것에 치중하였으며, 그 당시에는 AI와 인간의 대결에 초점이 맞추어져 있었다.

그러나 이러한 현상은 2020년이 되면서 분위기는 변하기 시작했다. "AI는 이미 우리의 삶 속에 와 있다(AI was already here)."는 것을 깨닫게 된 것이다. 이러한 상황 속에서 AI와의 대결만을 강조할 수는 없었다. 이제는 'AI와의 협업'이 중요하며, 이를 위해서는 AI를 지혜롭게 활용할 수 있는 역량도 필요하게 되었다. 결과적으로 AI 교육은 너무나 당연한 것으로 인식하게 된 것이다.

AI 교육에 대한 필요성을 인식하게 되자, 이제는 무엇을 교육해야 하는가에 초점이 맞추어졌다. 특히, "미래세대인 초등학생들을 대상으로 하는 AI 교육은 무엇부터 시작해야 하는가?"에 대한 고민이 깊을 수밖에 없었다. 어린 학생들에게 소프트웨어(SW) 코딩과 AI 코딩을 동시에 경험할 수 있도록 하는 방법은 무엇인가?

블록형 프로그래밍 언어로 시작한 엔트리(Entry)는 발 빠르게 변신하여, AI 교육 플랫폼으로 진화하고 있다. 우리나라 전문가들은 초등학생을 위한 AI 교육 플랫폼 중 엔트리를 가장 좋은 플랫폼으로 선정한 바 있다. 저자들은 AI 교육 플랫폼으로 진화 중인 엔트리가 성공적인 AI 교육의 시행에 결정적인 역할을 할 것으로 예상하였고, '이재호교수의 사고력 코딩 2편'의 플랫폼으로 선정하였다.

가까운 미래에는 "누구나 AI를 활용할 수 있는 시대"에서 "누구나 AI를 활용해야 하는 시대"로 전이될 것이다. 변호사, 의사, 회계사, 투자 분석가, 기자, 교사와 같은 전문직 종사자들은 물론이고, 치킨 집 오픈을 준비하는 자영업자와 레스토랑 홀 서빙을 담당하는 아르바이트 직원도 AI를 활용해야 할 것이다.

Preface

이상과 같이 누구나 AI를 활용해야 하는 시대를 살아야 하는 미래세대들의 경쟁력을 좌우할 핵심적인 역량은 무엇일까? 단순히 AI 서비스를 활용할 수 있는 방법만 알면 되는가? 당연히 아니다. 그것은 아마도 '생각하는 힘(사고력)'일 것이다. AI 교육의 핵심은 '생각을 하는 힘(사고하는 힘)'을 계발시키는 것이다.

앞으로 누구나 AI를 활용할 수 있을 것이다. 그러나 AI 활용의 결과물 중에는 '좋은 결과물'과 '나쁜 결과물'이 존재할 것이고, 미래세대들은 'AI를 제대로 활용하는 사람'과 'AI를 제대로 활용하지 못하는 사람'으로 구분될 것이다. AI를 제대로 활용하지 못하는 사람들은 AI를 활용할 수는 있으나, AI에게 어떤 일을 시켜야 하는지 모르고 AI가 알려준 결과물에 숨어있는 내용을 알아차리지 못할 확률이 높다.

미래세대들은 AI를 제대로 활용할 수 있어야 경쟁력을 갖추게 된다. 우리는 이것을『AI 사고력 코딩』이라 정의하며, 이것은 훈련을 통하여 발전시킬 수 있다. 미래세대들에게『AI 사고력 코딩』훈련을 시행한다면, 그들은 자연스럽게 21세기 핵심 역량으로 인식되는 '컴퓨팅 사고력'과 'AI 역량'을 계발함으로써 경쟁력을 갖추게 될 것이다.

저자들은 본 교재를 이용하는 독자들이『AI 사고력 코딩 역량』을 계발할 수 있도록 책을 구성하고 집필하였다. 이를 위하여 게임의 퀘스트(Quest) 형식을 적용하였다. 독자들은 본서의 주인공인 '제이'의 학교에 침입한 바이러스를 단계적으로 퇴치해 나가는 과정에서 자연스럽게『AI 사고력 코딩 역량』을 계발할 수 있도록 하였으며, 이 과정에서 '컴퓨팅 사고력' 계발에 도움을 줄 수 있는 다양한 기법들을 사용하였다.

본 교재는 (사)한국창의정보문화학회(http://www.3c.or.kr)의 '창의메이커교육연구회'에 소속된 현직 초등학교 교사들의 작품이다. 작품 구상은 '이재호교수의 사고력 코딩(스크래치 3.0 퀘스트)'의 집필이 완료된 직후인 2020년 봄에 시작하였으며, 초고 집필 후에 학교 현장에서의 적용과 학생들의 반응을 종합하는 과정을 거쳤기 때문에 이제야 출간하게 되었다. 시작이 반이다. 처음으로 소프트웨어 코딩 경험을 하는 학생들도 걱정할 필요가 없다.『AI 사고력 코딩』교육을 통하여 학생들은 자연스럽게 문제해결력과 창의성을 배양하여 21세기 창의인재로 커나갈 것이다. 본 교재가 미래세대인 학생들의 '컴퓨팅 사고력'과 'AI 역량' 계발에 도움이 되기를 기대한다. 그리고 다음 단계의 교육 과정도 곧 출간할 것을 약속하면서, 독자 여러분들의 지속적인 관심과 성원을 기대한다.

2022년 3월 **대표 저자 이재호**

((사)한국창의정보문화학회 회장, 경인교육대학교 컴퓨터교육과 교수)

CONTENTS

QR코드

움직여라 백신봇!

바이러스의 가짜 음성(1)

바이러스의 가짜 음성(2)

감염을 막아라!

모두 함께 방어해요!

백신을 만들어요!(1)

백신을 만들어요!(2)

철벽 방어막 만들기!(1)

철벽 방어막 만들기!(2)

백신봇을 웃게하자

우리 말을 들어줘!

똑똑한 눈을 만들자!

얼굴만 봐도 알아요!

CHARACTER

제이

컴퓨터와 게임을 좋아하며 아이디어가 번뜩이는 아이. 바이러스를 한번 퇴치한 경험이 있으며 친구들과 힘을 모아 이번에도 바이러스를 무찌르려고 노력함.

하늘이

제이와 같은 반 친구로 자칭 '우리반 최고 미녀'로 영리하고 공부도 잘 하지만 컴퓨터는 잘 다루지 못 하는 학생.

가람이

제이와 같은 반 친구로 씩씩하고 힘이 세지만 행동이 앞서서 가끔 엉뚱한 일을 하는 학생.

선생님

아이들을 사랑으로 지도하는 열정 가득한 만능 교사. 단, 손에 자기장이 흐르는지 손대는 기계마다 망가 뜨리는 망했다스의 손.

교수님

경인교육대학교 컴퓨터교육학과 교수님으로 소프트웨어와 AI에 대해 많이 알고 계시며 제이와 친구들이 어려울 때마다 해결할 수 있는 열쇠를 조금씩 던져주어 스스로 해결하도록 도와줌.

AI 스쿨 바이러스

스스로 진화하는 AI 바이러스임. 온 세상에 바이러스를 퍼트려 세상을 지배하려고 함

OPNEING

“지난 토요일, 인터넷에서 불법복제 게임을 다운로드 받은 제이의 컴퓨터는 바이러스에 감염이 되고, 다음날 아침 집 안의 가전제품은 전부 감염된다. 엉망진창이 된 집을 보며 제이네 가족들은 혼란에 빠지고 만다. 하지만 그때 걸려온 경인교육대학교 이재호교수님의 도움으로 사건의 원인이 훔 바이러스 때문임을 알고, 코딩을 하나씩 배우며 백신봇을 만들어 바이러스를 결국 물리치게 된다. 그리고 다시 월요일 아침이 되는데...”

얍!
크아악
우와, 드디어 이겼다…
어… 뭐야 또 꿈 꾼거야?
벌떡!
제이야! 빨리 아침먹고 학교 가야지 언제까지 잘 거야!
지각쟁이 오빠야 나 먼저 간다~
콩콩
아 맞다! 발표 과제 만들어 놓은 것 가져가야지.
멈칫!
뽁
이제 오냐? 항상 아슬아슬하게 지각은 안 하는 거 보면 진짜 신기하단 말야~ ㅋㅋㅋ
헉헉

OPNEING

딩동~댕동♪
1교시 사회 수업 시작 할게요~ 모둠 과제 발표 준비는 잘 해왔나요?
네!
다음 세 번째 순서 모둠 나와서 발표하세요~
이번에 우리 차례야 제이야, 발표 자료!
어, 여기!
콕!
딸깍!
지지직~ 지직 지직
어… 이거 설마… 안돼!
내가 돌아왔다. 이제 학교를 장악하고 더 넓은 세상으로 나가겠다. 더 이상 나를 막을 수 없다!!
치지직 지직
이거 뭐야? 우리가 준비한 발표 자료가 아니야!
야! 발표 자료도 못 가져온 거야!

선생님, 얘들아 지금 이거 컴퓨터가 바이러스에 걸린 것 같아요~ 큰일 났어요 이거 빨리 막아야 하는데...
헐...
치이익— 치이익—
막지 못하면 보안 프로그램보다 더 강력한 바이러스가 학교로 모두 퍼질거예요.
치익— 치익
뭐하고 있어! 빨리 널 도와준 교수님께 도움을 청해보자!
알겠어!
교수님, 도와주세요!
악! 시끄러!
소리 질러서 죄송한데, 집에서 가져온 USB를 교실 컴퓨터에 꽂았더니 바이러스가 퍼져버리고 말았어요. 도와주세요!
치이익 치직
USB에 바이러스가 숨어 있다가 컴퓨터에 연결되니 감염시켰나 보구나. 아무래도 백신봇을 새로 만들어야 할 것 같으니 이번에는 더 강력하게 만들어보자꾸나!

STAGE 1

AI 백신봇의 탄생

교실 컴퓨터를 감염시킨 바이러스로 인하여 교실의 전자제품들은 차례대로 감염될 위기에 처한다. 제이는 이재호교수님께 도움을 요청하고, 다시 한번 바이러스와 싸우기 위해 이번에는 엔트리를 이용해 AI기능을 갖춘 더 강력한 새로운 백신봇을 만들어보고자 한다. 같은 반 친구인 가람이와 하늘이, 그리고 선생님도 힘을 모으기로 다짐함으로써, 우리들의 바이러스 퇴치 모험이 시작된다.

Quest 1 처음 만나는 엔트리

Quest 2 코드 스타트!

Quest 3 움직여라 백신봇!

지지직-
지직직-
모니터가 이상해!
뭐지?

교수님이 학교 인터넷을 차단해서 바이러스가 학교 밖으로는 나가지 못 할거야.
바이러스는 컴퓨터에서 나오지 못하는데 걱정할 것 없다? 정 치료가 안되면 내가 컴퓨터를 통째로 부셔주겠어!
씩-
씩-
......
그것도 안돼! 학교 물건을 마음대로 부셔도 안되고 저 컴퓨터에는 너희 성적이랑 사진이 들어 있다고...
뭐라고요!
그러면 그걸 바이러스가 마음대로 이용하면 절대 안돼요!
끄덕 끄덕
까악 까악
제이야, 백신보튼지 백신복인지 빨리 만들어봐!
휘릭-
교수님! 시간이 없어요 뭐부터 시작해야 할까요?
우선, 백신봇부터 만들어야겠다.
그런데 백신봇을 완성하려면 너무 오래 걸리지 않을까요?
AI 백신봇을 당장 완벽하게 완성하는 것은 무리겠지. 그래서 일단 기본 기능만이라도 먼저 만들어보자.
탁 탁 탁

Quest 1 처음 만나는 엔트리

바이러스로 인해 쓸 수 없는 교실 컴퓨터를 대신하여 선생님의 노트북 컴퓨터로 AI백신봇을 만들 준비를 하는 제이와 친구들. 이제 이재호교수님과 함께 AI 백신봇을 만들 엔트리에 대해 알아보고자 한다.

교수님, AI 백신봇을 엔트리로 만든다고 하셨는데 엔트리는 뭐가 다른가요?
엔트리는 AI기능을 구현할 수 있는 교육용 프로그래밍 언어란다. AI는 인공지능의 영어 약자란다. 블록 코딩으로 간단하게 AI 기능을 만들 수 있어서 유용하지.
아! 인공지능은 들어봤어요. 인공지능이 자동차가 혼자 운전할 수 있도록 만든다는 뉴스를 봤어요.
하늘이 똑똑하네~
저는요 샘~
짝
흥... 가람이도
그래, 인공지능은 기계가 스스로 판단하고 학습하며 사람이 하는 일들을 대신할 수 있도록 해주는 소프트웨어란다.
하늘이? 대단하네~
휙

교실에 침투한 스쿨바이러스를 무찌르기 위해 제이와 친구들은 AI백신봇을 만들 수 있는 엔트리에 대해 배워보려 합니다.

이번 퀘스트에서는 엔트리 사이트에 접속하고 가입하는 방법과 엔트리 프로그램 설치에 대하여 알아봅시다.

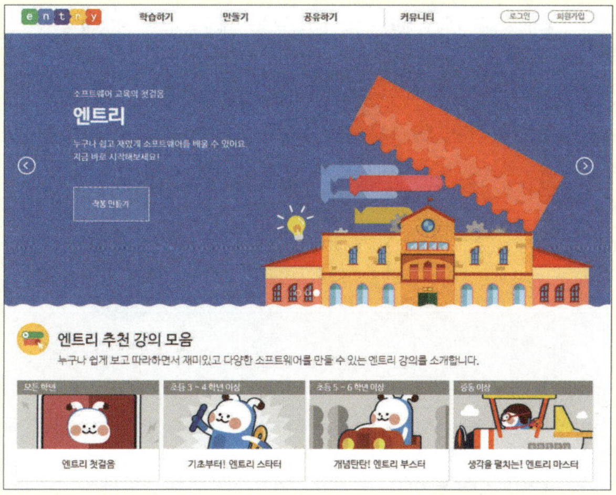

Key 키워드

- **프로그래밍과 코딩** : 우리가 컴퓨터에게 어떤 일을 시키기 위해서는 어떻게 할지 미리 작성하여 알려줘야 합니다. 컴퓨터가 작업을 하도록 순서를 정하여 명령코드로 쓰는 것을 「프로그래밍」이라고 합니다. 학교에서는 프로그래밍이라는 말 대신 코딩이라는 말을 많이 사용합니다. 「코딩」은 프로그래밍의 다른 말로 코드를 작성한다는 의미입니다.

- **프로그래밍 언어** : 컴퓨터는 0과 1로만 모든 것을 이해하기 때문에 일을 시키기 위해서는 사람과 대화를 위한 특별한 언어가 필요합니다. 이렇게 컴퓨터의 프로그램을 작성하기 위해서 만들어진 언어를 「프로그래밍 언어」라고 합니다. 이 책에서는 프로그래밍 언어로 「엔트리」를 배웁니다.

- **(컴퓨터) 바이러스** : 컴퓨터 작동에 피해를 주거나 다른 데이터들을 파괴하는 프로그램을 「컴퓨터 바이러스」라고 합니다. 요즘은 컴퓨터뿐만이 아니라 많은 전자제품들이 컴퓨터처럼 작동하기 때문에 휴대폰이나 스마트 TV 등과 같은 전자제품들도 컴퓨터 바이러스에 감염될 수 있습니다.

- **(컴퓨터) 백신** : 컴퓨터 바이러스를 찾아내서 작동을 중지시키거나 삭제하는 프로그램을 「컴퓨터 백신」이라고 합니다. 우리가 코로나-19 바이러스를 예방하기 위해서 병원에서 백신 주사를 맞듯이 컴퓨터도 바이러스로부터 보호하기 위해서 백신이 필요합니다. 요즘은 휴대폰에도 바이러스로부터 보호하기 위해 백신 앱을 설치합니다.

① 엔트리 접속하기

엔트리 사이트는 인터넷 브라우저를 통해 접속할 수 있습니다. 인터넷 브라우저에는 「인터넷 익스플로러」, 「크롬」, 「사파리」, 「엣지」 등 여러 종류가 있으며 * 그중에서 「인터넷 익스플로러」를 제외한 다른 브라우저를 추천합니다. 엣지 등 윈도우즈 기본 프로그램으로 설치되어 있으며 크롬은 검색 사이트에서 「크롬 다운로드」를 검색하여 설치할 수 있습니다.

엣지 브라우저 아이콘

크롬 브라우저 아이콘

인터넷 브라우저를 실행시켜서 검색창에 '엔트리'를 입력해 검색하거나 주소창에 https://playentry.org/을 입력하여 스크래치 웹사이트에 접속할 수 있습니다.

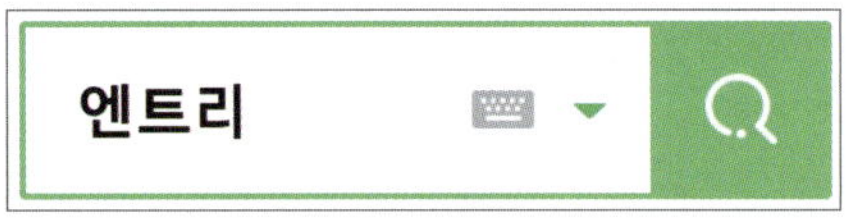

✚ 「크롬」이나 「엣지」 브라우저를 추천하는 이유는 호환성이 가장 좋아서 모든 기능을 문제 없이 사용할 수 있습니다. 「인터넷 익스플로러」 브라우저의 경우에는 작동되지 않는 기능들이 있습니다.

② 엔트리 사이트 살펴보기

엔트리 웹사이트에 접속하여 시작 페이지를 살펴보도록 하겠습니다.

❶ **학습하기** : 엔트리를 학습할 수 있는 콘텐츠를 통해 소프트웨어 제작 원리를 학습할 수 있습니다.

❷ **만들기** : 스크래치와 같은 블록형 프로그래밍 언어를 사용하여 프로그래밍을 처음 접하는 사람들도 쉽게 자신만의 창작물을 만들 수 있습니다.

❸ **공유하기** : 엔트리를 통해 제작한 작품을 다른 사람들과 공유할 수 있습니다. 공유된 작품을 살펴보고 공동 창작도 가능합니다.

❹ **커뮤니티** : 묻고답하기, 노하우&팁, 엔트리 이야기, 제안 및 건의, 공지사항과 같이 다른 사람들과 엔트리에 대하여 의견을 나누고 정보를 공유할 수 있습니다.

❺ **로그인** : 엔트리에 가입된 회원은 로그인하여 사용할 수 있습니다.

❻ **회원가입** : 엔트리 회원이 되기 위하여 새로 가입을 합니다.

❸ 엔트리 사이트 가입하기

엔트리에 가입을 하게 되면 인터넷에서 만들던 작품이나 프로젝트를 저장하여 어디서나 열어볼 수 있으며 다른 사람과 공유할 수도 있습니다. 이러한 이유로 가입을 하면 좋습니다.

엔트리 사이트 상단 메뉴 중「회원가입」을 누르시면 가입을 위해 입력하는 창이 생깁니다. 단계별로 필요한 것을 입력해주면 됩니다.

❶ 1단계에서 가입자가 학생인지 선생님인지 선택하여 줍니다. 그리고 이용약관 및 개인정보 수집 및 이용에 대해 동의합니다. 비어있는 □를 클릭하여 √표시를 해주세요.

❷ 2단계에서는 자신이 사용할 아이디와 비밀번호를 입력해주세요. 아이디와 비밀번호는 규칙에 맞게 만들어야 합니다. 한글을 사용할 수없으며 비밀번호가 맞게 입력하였는지 확인하기 위해서 같은 비밀번호를 두 번 입력합니다. 아이디와 비밀번호는 잊지 않도록 따로 기록해 놓으면 좋습니다.

❸ 3단계에서는 자신의 작품을 공유할 학년(일반을 선택할 수도 있습니다)을 선택하여 주고 남자인지 여자인지도 골라주세요. 이메일 입력은 선택으로 입력하지 않아도 가입이 가능하며 입력하게 되면 만일 아이디와 비밀번호를 잊었을 때 이메일을 이용하여 찾을 수 있습니다. 마지막으로 제일 아래 그림에 보이는 자동입력 방지문자까지 정확히 입력을 해주어야 가입이 완료됩니다.

❹ 지금까지 배운 것과 함께 엔트리 오프라인 설치에 대해 알아보겠습니다.

5 엔트리 오프라인 다운로드 방법

엔트리 사이트에서 작품 만들기를 하려면 인터넷이 계속 연결되어 있어야 합니다. 만약 인터넷 연결이 어렵거나 속도가 느린 경우 엔트리 오프라인을 컴퓨터에 설치하여 사용할 수 있습니다.

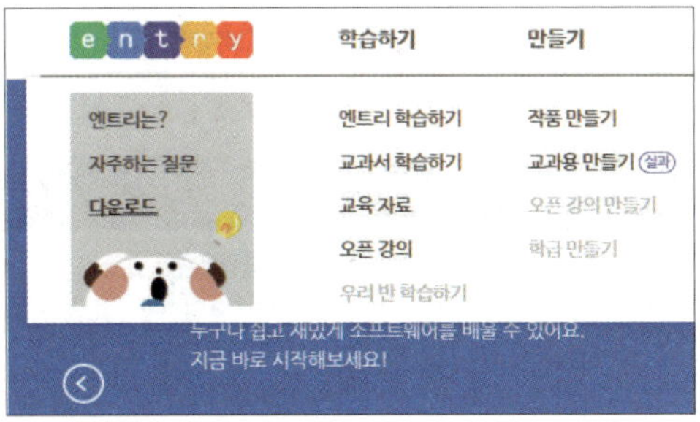

엔트리 사이트 첫 화면의 상단 메뉴에 마우스를 가져다 놓으면 더 많은 메뉴들이 보이며 여기서 엔트리 로고 아래 다운로드를 클릭합니다. *엔트리 오프라인 다운로드 페이지에서 자신의 컴퓨터 운영체제에 맞는 버전을 클릭하여 다운로드해 주세요. 다운로드가 완료되면 다운로드 받은 파일을 실행시킵니다.

+ Tip

자신의 윈도우 운영체제를 확인하려면 바탕화면의 내 PC 아이콘을 우클릭해서 확인할 수 있으며, [설정→시스템→정보]를 통해 확인할 수도 있습니다. 주의할 점은 64비트 운영 체제에서 32비트 운영체제는 사용가능하지만 반대로 32비트 운영체제에서는 64비트 운영체제가 사용 불가능합니다. 따라서 확인이 어렵다면 32비트로 설치해주세요.

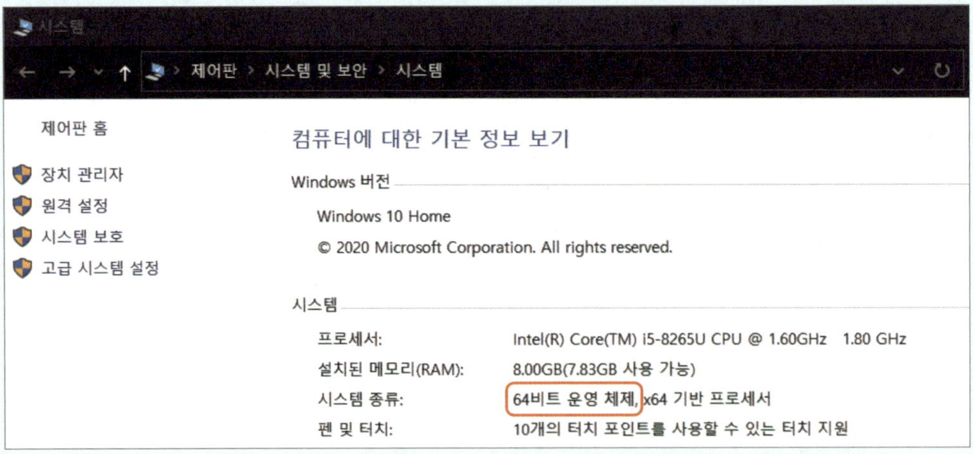

엔트리 오프라인 설치는 필수가 아니며 인터넷 접속 환경이 좋다면 온라인상에서 만들기 메뉴를 클릭하여 사용할 수도 있습니다.

6 엔트리 작품 만들기 화면 안내

엔트리 사이트 첫 화면 상단 메뉴 중 [만들기 → 작품만들기]를 눌러 만들기를 실행할 수 있습니다. 엔트리 오프라인을 설치하였다면 바탕화면의 엔트리 아이콘을 눌러 바로 만들기를 실행할 수 있습니다.

작품 만들기 화면을 살펴보면 상단 메뉴, 실행화면, 오브젝트 목록, 블록꾸러미, 블록조립소 5가지 영역으로 이루어져 있습니다.

엔트리 오프라인 설치는 필수가 아니며 인터넷 접속 환경이 좋다면 온라인상에서 만들기 메뉴를 클릭하여 사용할 수도 있습니다.

상단 메뉴

❶ **엔트리 로고** : 엔트리 사이트 첫 페이지로 이동합니다.

❷ **작품 이름** : 작품 이름을 표시하며 바꿀 수 있습니다.

❸ **코딩 모드 선택** : 블록코딩과 엔트리파이선(텍스트코딩) 모드를 선택할 수 있습니다.

❹ **새로 만들기** : 새로 작품 만들기를 합니다.

❺ **저장하기** : 작품을 온라인상에 저장하거나 내 컴퓨터의 파일로 저장합니다.

❻ **도움말** : 도움말을 볼 수 있습니다.

❼ **프린트** : 작품의 이미지/오브젝트/코드를 정리해서 보여주고, PDF로 저장할 수도 있습니다.

❽ **되돌리기** : 작품을 바로 이전/이후로 되돌립니다.

❾ **작품 모드 선택** : 기본형/교과형 모드를 선택할 수 있습니다.

❿ **계정** : 로그인과 회원가입을 할 수 있으며 로그인 시 아이디를 눌러 마이 페이지, 회원정보 수정을 볼 수 있습니다.

⓫ **언어 선택** : 언어(한국어/영어/일본어/베트남어)를 변경합니다.

실행화면

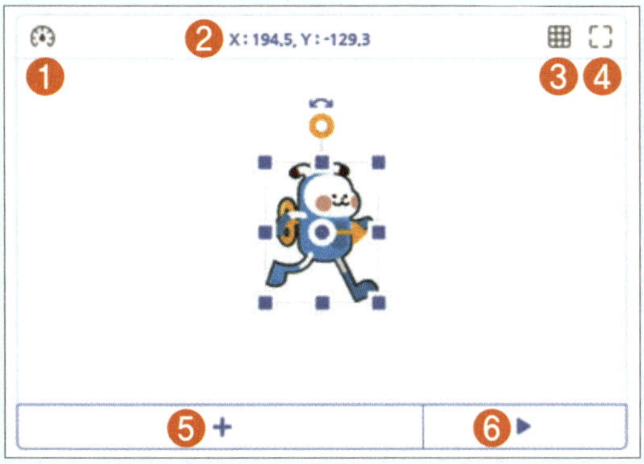

❶ 클릭하면 실행 속도를 조절할 수 있는 막대가 나타납니다.

❷ 실행 화면 위에서 마우스 포인터( )의 좌표를 알려줍니다.

❸ 배경을 좌표가 나타나도록 전환합니다.

❹ 실행화면을 전체 화면으로 전환합니다.

❺ 오브젝트를 추가합니다.

❻ 실행화면에서 코딩한 작품이 작동합니다.

오브젝트 목록

엔트리에서 오브젝트는 캐릭터, 소리, 코드 등이 합쳐진 프로그램의 단위로 명령을 통해 제어할 수 있는 대상을 말합니다. 실행화면에 보여지는 캐릭터, 물건, 글상자, 배경 등 모두 오브젝트입니다.

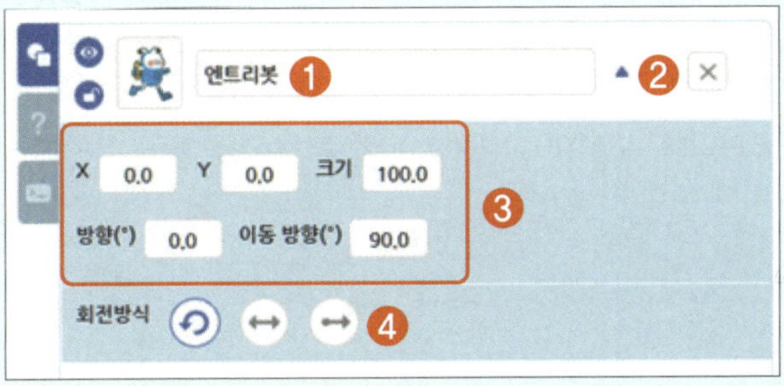

❶ 오브젝트 이름을 나타내며 바꿀 수 있습니다.

❷ 오브젝트를 삭제합니다.

❸ 오브젝트의 좌표, 크기, 방향, 이동방향을 바꿀 수 있습니다.

❹ 오브젝트가 회전하는 방식을 바꿀 수 있습니다(전방향회전/좌우회전/회전없음).

블록꾸러미

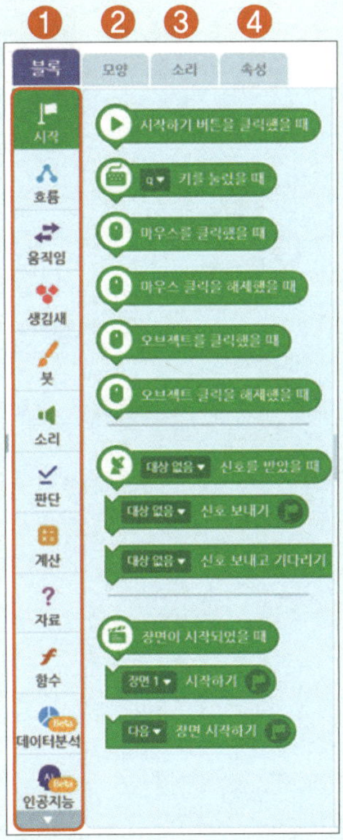

블록꾸러미는 오브젝트를 제어할 수 있는 명령어 블록을 모아 놓은 곳입니다. 시작부터 하드웨어까지 14개의 카테고리로 블록들을 분류해 놓았습니다. 카테고리별로 블록의 색이 다르므로 색을 보면 원하는 블록을 찾기 쉽습니다.

❶ 명령어 탭으로 명령어 블록을 볼 수 있습니다.

❷ 모양 탭으로 오브젝트의 모양을 추가, 삭제, 수정할 수 있습니다.

❸ 소리 탭으로 오브젝트에서 사용할 수 있는 소리를 추가할 수 있습니다.

❹ 변수/리스트/신호/함수를 관리할 수 있습니다.

❺ 명령어 블록 카테고리를 선택할 수 있습니다.

블록조립소

블록꾸러미에서 블록코드를 가져다가 블록조립소에서 조립할 수 있습니다. 블록코드는 마우스를 이용해 드래그&드롭(끌어서 가져오기)으로 옮겨와 블록의 맞춰 조립됩니다. 엔트리는 교육용 프로그래밍 언어로 블록코드를 이용하여 간단하게 코드를 작성할 수 있습니다. 블록조립소로 가져온 블록코드 중 필요 없는 코드는 다시 블록꾸러미에 끌어다 놓거나 휴지통에 넣으면 삭제됩니다.

블록조립소에는 코드와 함께 주석도 넣을 수 있습니다. 도로의 교통표지판처럼 주석을 통해 코드에 대해 쉽게 알아볼 수 있도록 해줍니다.

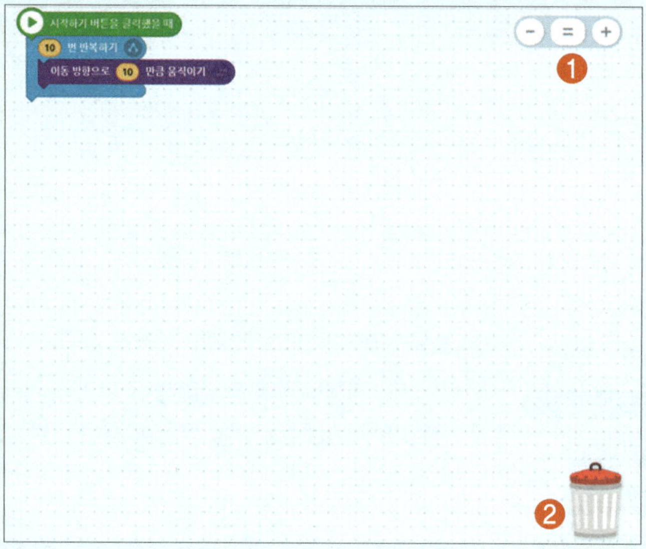

❶ 블록조립소를 확대 축소하여 볼 수 있습니다.

❷ 휴지통

7 엔트리를 둘러보며 지금까지 배운 것을 확인해봅시다.

Quest 2

Quest 2 코드 스타트!

엔트리의 접속, 설치, 메뉴에 대해 배운 제이와 친구들. 하늘이와 가람이는 교수님의 설명을 따라서 하니까 엔트리가 어렵지 않다고 기뻐한다. 하지만 교실 컴퓨터에 연결된 마이크를 통해서 바이러스는 아이들과 교수님의 대화를 다 듣고 있는데...

콕
콕
휘릭
우와앙—
삐비빕~
헉!
더 이상 나를 막지 마라
백신 봇을 만든다면
너희 부끄러운 사진을
공개하겠다.
흔들
흔들
벌러덩
으웩
촤르륵
촤르륵
뿌잉~
뿌잉
주르륵
안돼!
제발~
휙—

아이들의 사진으로 협박하는 AI스쿨바이러스를 무찌르기 위해 빨리 백신봇을 완성해야 합니다. 백신봇을 만들려면 먼저 오브젝트를 만들어야 하며 코드도 작성할 수 있어야 합니다.

이번 퀘스트에서는 엔트리에서 오브젝트를 만들고 코드를 작성하는 방법에 대하여 알아봅시다.

이렇게 코드 입력을 하면…
OK~
탁탁

Key 키워드

- **오브젝트** : 엔트리에서 오브젝트는 캐릭터, 소리, 코드 등이 합쳐진 프로그램의 단위로 명령을 통해 제어할 수 있는 대상을 말합니다. 실행화면에 보여지는 캐릭터, 물건, 글상자, 배경 등 모두 오브젝트입니다.
- **비트맵** : 비트맵은 비트(Bit) 정보로 그린 지도(Map)를 뜻하며 픽셀이라고 하는 점을 하나씩 찍어서 그림을 그리는 방식입니다. 비트맵 방식의 그림은 확대하면 각각의 점들이 커져서 계단처럼 보이게 됩니다. 하지만 다양한 색과 복잡한 모양을 표현할 수 있습니다.
- **벡터** : 벡터는 도형의 테두리를 그리고 그 안을 색으로 채워 선과 면을 만드는 그림 표현 방법입니다. 벡터 방식의 그림은 아무리 확대하여도 깨져서 계단처럼 보이는 현상이 없습니다. 하지만 다양한 색상과 복잡한 모양을 표현하기에는 무리가 있습니다.

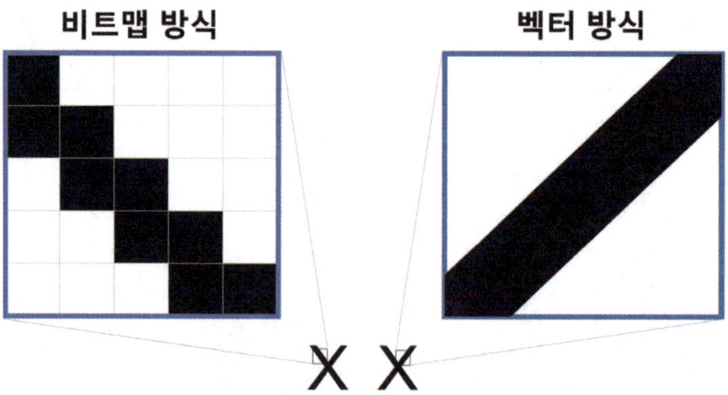
비트맵 방식
벡터 방식
X X

1 오브젝트 추가하기

새로운 오브젝트를 만들기 위해서는「오브젝트 추가하기」를 해야 합니다. 샐행화면과 오브젝트 목록 사이에 + 모양의 상자를 부르면 오브젝트 추가하기 화면이 나옵니다.

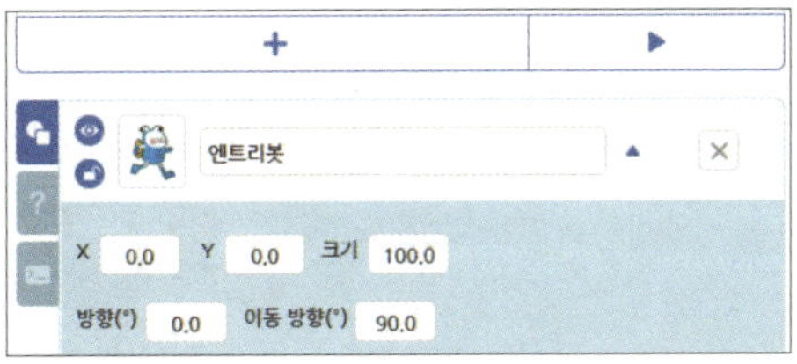

오브젝트 추가하기 화면에서는 엔트리에 기본적으로 포함된 오브젝트를 선택할 수 있으며 이미지 파일을 불러오거나 그림판을 이용해 새로 그리기, 또는 글상자를 만들 수도 있습니다.

❶ 엔트리 기본 오브젝트 중 선택하기
❷ 이미지 파일을 오브젝트로 만들기
❸ 그림판으로 오브젝트 이미지 새로 그리기
❹ 글상자 만들기
❺ 벡터 형식으로 된 오브젝트만 모아서 보기
❻ 기본 오브젝트 이름으로 검색하기

엔트리 기본 오브젝트는 카테고리를 통해 찾아서 추가할 수 있습니다.

❶ 오브젝트를 분류해놓은 카테고리를 선택합니다.
❷ 원하는 이미지의 오브젝트를 선택합니다.
❸ 추가 버튼을 누릅니다.

오브젝트는 한 번에 여러 개를 선택하여 추가할 수도 있습니다. 선택된 오브젝트는 목록으로 보여줍니다.

엔트리 기본 오브젝트 중 원하는 이미지의 오브젝트가 없을 경우 외부에서 다운로드한 파일을 올려서 만들거나 새로 그려서 만들어 주세요.

② 그림판 사용하기

오브젝트 추가하기에서 새로 그리기를 하거나 블록꾸러미 위의 모양 탭을 누르면 그림판을 사용할 수 있습니다.

❶ **모양 추가하기** : 하나의 오브젝트에는 여러 모양이 포함될 수 있으며 모양을 더 추가할 수 있습니다.

❷ **모양 목록** : 오브젝트에 포함된 모양 목록을 볼 수 있고 모양의 이름을 바꾸거나 삭제할 수 있습니다.

❸ **전체화면 전환** : 그림판을 전체화면으로 전환합니다.

❹ **비트맵/벡터 전환** : 이미지 형식을 비트맵과 벡터 방식으로 전환할 수 있습니다.

❺ **새그림** : 그림을 새로 그립니다.

❻ **저장하기** : 작업한 그림을 저장합니다.

❼ **새 모양으로 저장** : 현재 작업 중인 그림을 새 모양으로 따로 저장합니다.

❽ **모양 가져오기** : 새 모양을 가져와 작업할 수 있습니다.

❾ **편집 도구** : 선택된 부분을 복사/붙여넣기/자르기/삭제할 수 있습니다. 모두 삭제는 그림판의 그림 전부를 삭제합니다.

❿ **확대 축소 보기** : 작업 중인 그림을 확대/축소하여 볼 수 있습니다.

⓫ **크기 조절 도구** : 선택된 그림의 크기를 조절하거나 회전 시킬수 있습니다.

⓬ **그리기 도구** : 그림 이동/선택/선 그리기/도형 그리기/글씨 쓰기/색 채우기/지우개와 같은 그리고 도구를 사용할 수 있습니다.

⓭ 현재 사용 중인 그리기 도구를 나타냅니다. 선택된 그리고 도구에 따라 우측의 수정 가능한 내용이 바뀝니다.

⓮ **그림 크기** : 선택된 그림의 크기를 나타냅니다.

⓯ **그림 회전** : 선택된 그림을 회전할 수 있습니다.

⓰ **그림 반전** : 선택된 그림을 뒤집을 수 있습니다.

3 그림판을 직접 사용해보며 배운 것을 확인해봅시다.

4 오브젝트 다루기

❶ 선택된 오브젝트를 무대에서도 크기를 조정하거나 회전할 수 있습니다. 오브젝트 가운데 ○는 오브젝트의 중심을 나타내며 오브젝트가 작동할 때 좌표 기준은 이곳이 됩니다. 오브젝트의 중심에 붙은 화살표는 이동 방향을 나타냅니다.

❷ 오브젝트를 보이거나 감출 수 있습니다.

❸ 오브젝트를 수정하지 못하도록 잠글 수 있습니다.

❹ 오브젝트의 이름을 나타내며 수정할 수 있습니다. 오브젝트의 이름은 오브젝트의 수가 많아지면 복잡해질 수 있기 때문에 오류가 생기지 않게 하려면 규칙을 정하여 잘 정리해놓으면 좋습니다.

❺ 오브젝트 메뉴를 감추거나 보이게 할 수 있습니다.

❻ 오브젝트를 삭제합니다.

5 오브젝트 다루기

블록 도움말을 누른 후 알고 싶은 블록을 선택하면 각 블록코드에 대한 설명을 볼 수 있습니다.
각 블록코드들이 어떤 기능을 하는지 살펴봅시다.

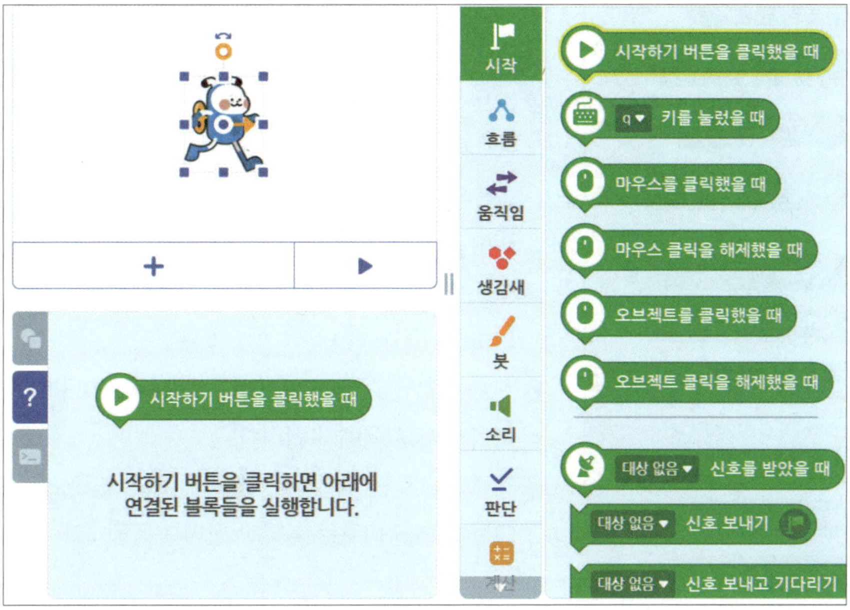

❻ 코드 조립하기

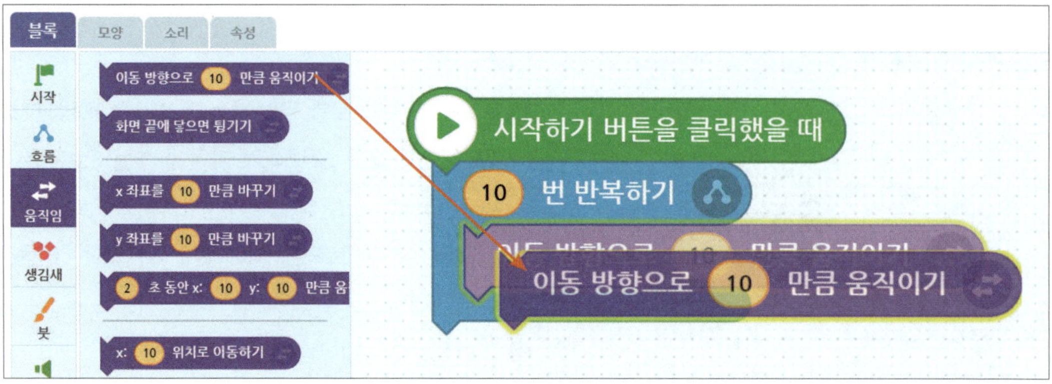

코드를 조립하는 방법은 블록꾸러미에서 원하는 블록코드를 끌어다가 블록조립소에 가져다 놓으면 됩니다. 이때 블록과 블록은 조립이 가능한 위치에 가져다 놓으면 저절로 붙으며 조립이 됩니다. 각 블록에는 서로 맞물리는 튀어나온 부분과 홈이 있으며 이러한 튀어나온 부분과 홈이 없는 면에는 결합이 되지 않습니다.

작성한 코드가 작동하기 위해서는 제일 위에 시작 카테고리에 있는 시작 블록이 있어야 합니다. 시작 블록들은 각각 시작하는 조건이 다르므로 각각 블록코드들을 살펴봅시다.

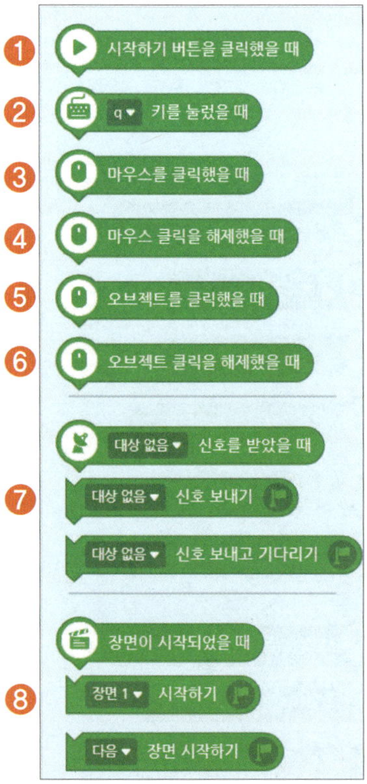

❶ 실행화면 아래 ▶버튼을 누르면 작동하는 블록으로, 가장 기본적인 시작 블록입니다.

❷ 키보드의 키를 눌러서 시작하는 블록입니다.

❸ 마우스를 클릭하여 시작하는 블록입니다.

❹ 눌렀던 마우스의 버튼을 떼면 작동하는 시작 블록입니다.

❺ 오브젝트를 마우스로 클릭했을 때 작동하는 시작 블록으로 위의 [마우스를 클릭했을 때] 블록과 다른 점은 마우스를 클릭했을 때 블록은 화면의 아무 곳이나 클릭해도 작동하지만 [오브젝트를 클릭했을 때] 블록은 해당 오브젝트를 클릭해야만 작동을 합니다.

❻ 오브젝트를 눌렀던 마우스의 버튼을 떼면 작동하는 시작 블록입니다.

❼ 신호를 받았을 때 작동하는 시작 블록으로 반드시 신호 보내기 블록과 함께 사용해야 합니다.

❽ 장면이 시작될 때 함께 작동하는 시작 블록으로 첫 장면을 제외하고는 장면을 바꾸는 블록과 함께 사용됩니다.

7 오브젝트와 코드 실행하기

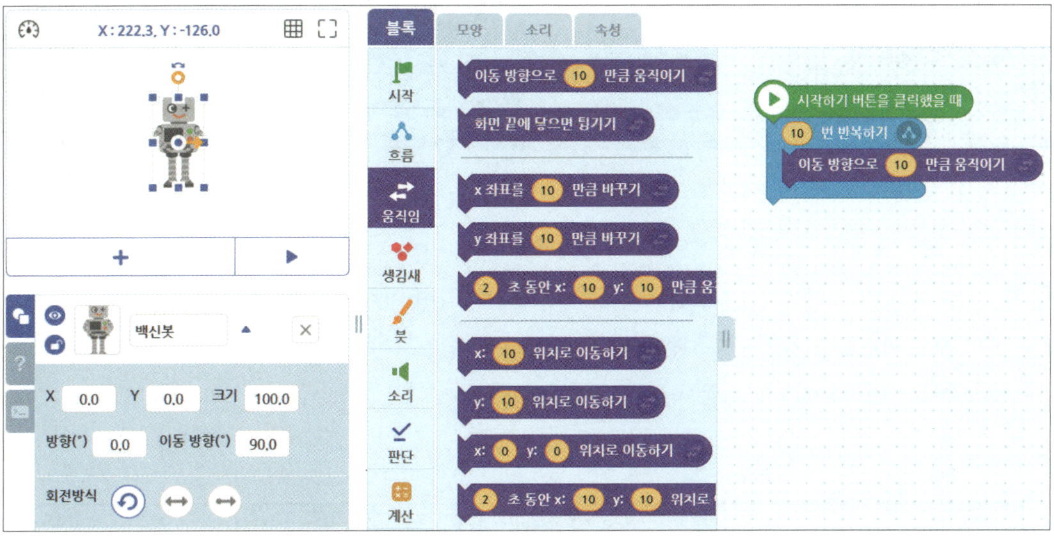

엔트리에서 오브젝트 추가하기로 꼬마로봇 오브젝트를 선택한 후 위의 그림과 같이 간단한 코드를 만들어 봅시다. 오브젝트 이름도 「백신봇」으로 수정해주세요. 코드를 작성한 후 실행화면 아래 ▶ 버튼을 눌러 실행시키고 어떻게 작동하는지 확인해봅시다.

이제 엔트리에서 오브젝트를 만드는 방법과 코드 작성하는 기본적인 방법을 알고 백신봇의 오브젝트를 만들 수 있게 되었습니다.

챌린지

엔트리 코드 만들기를 더 연습하고 싶다면 학습하기를 통해 해볼 수 있습니다.

엔트리 기초 뿐만 아니라 학년별 교과에 맞는 학습도 할 수 있습니다. 단계에 맞게 미션을 해보며 엔트리에 대해 더 익혀 봅시다.

Quest 3

Quest 3 움직여라 백신봇!

엔트리를 통해 더 강력한 AI스쿨바이러스로 진화하게 된 바이러스. 교실 컴퓨터에 있던 아이들의 부끄러운 사진들로 위협하지만 하늘이가 담요를 던져 TV를 가리며 잠시 위기에서 벗어날 수 있었다. 이제 겨우 백신봇의 오브젝트를 완성하였다. 빨리 마저 완성하여 AI스쿨바이러스를 무찔러야 한다. 그런데 선생님 컴퓨터에 아이들의 부끄러운 사진은 왜 있었던 걸까?

와우! 이건 뭐지?
'우리반성적.XLS'파일
FILE
촤륵-
이.번.에.는.너.희.의.부.끄.러.운 성.적.을.불.러.주.겠.다.
뭐! 안돼!
안돼! 이 바이러스 녀석아!
제.이.영.어.점.수.30점 가.람.수.학.점.수.0점 크.크.크. 바.보.군!
펄럭-
크아악! 안돼! 나의 비밀이…

백신봇의 틀이 될 오브젝트를 만들 수 있게 된 제이와 친구들은 이제 백신봇이 작동할 수 있도록 하려고 합니다. AI백신봇을 만들기 전 수동으로 움직이는 백신봇을 만들어보려 합니다.

이번 퀘스트에서는 프로그램의 구조(순차/선택/반복)를 알아보고 키보드, 마우스로 움직이는 백신봇을 만들어봅시다.

키워드

- **순차 구조** : 컴퓨터가 명령을 위에서 아래의 순서대로 실행하도록 명령을 내리는 구조입니다.(예시 : 엘리베이터가 1층 다음에 2층 다음에 3층으로 올라갑니다.)
- **선택 구조** : 주어진 조건에 따라 명령을 선택적으로 실행하도록 명령을 내리는 구조입니다.(예시 : 엘리베이터가 내리는 사람이 있는 층에만 멈추어 섭니다.)
- **반복 구조** : 특정 횟수나 조건을 만족할 때 까지 반복하도록 명령을 내리는 구조입니다.(예시 : 엘리베이터가 1층부터 3층까지 5번 왕복합니다.)

알고리즘

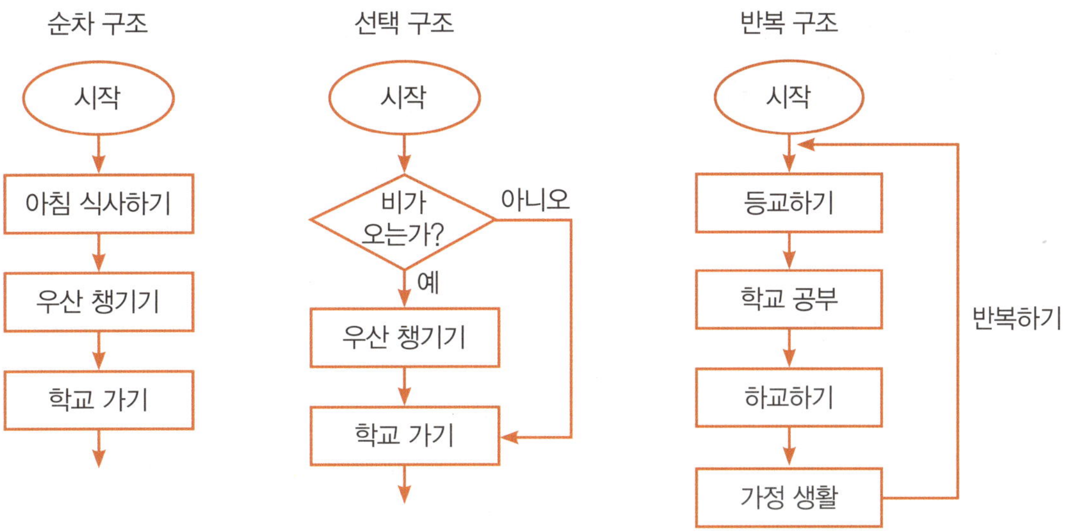

❶ 오브젝트에 코드 만들기

엔트리 기본 오브젝트에서 백신봇으로 사용할 「꼬마로봇」 오브젝트를 추가해 주세요.

코드를 만들려면 우선 코드를 시작하기 위한 시작 블록이 있어야 합니다.

블록 탭의 시작하기 카테고리에서 [시작하기 버튼을 클릭했을 때] 를 블록조립소로 끌어옵니다.

백신봇을 움직이기 위해 아래와 같이 코드를 만들어 주세요.

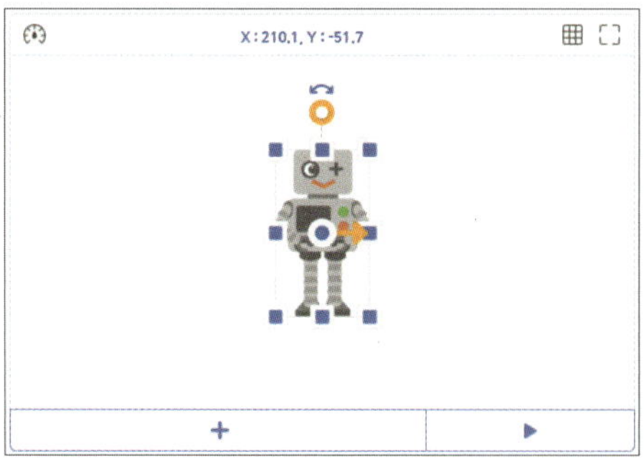

시작하기 버튼을 눌러 백신봇이 움직이는지 확인해보세요.

② 걷는 백신봇 만들기

백신봇의 걷는 모습을 만들어 주기 위하여 모양을 바꿔주겠습니다.

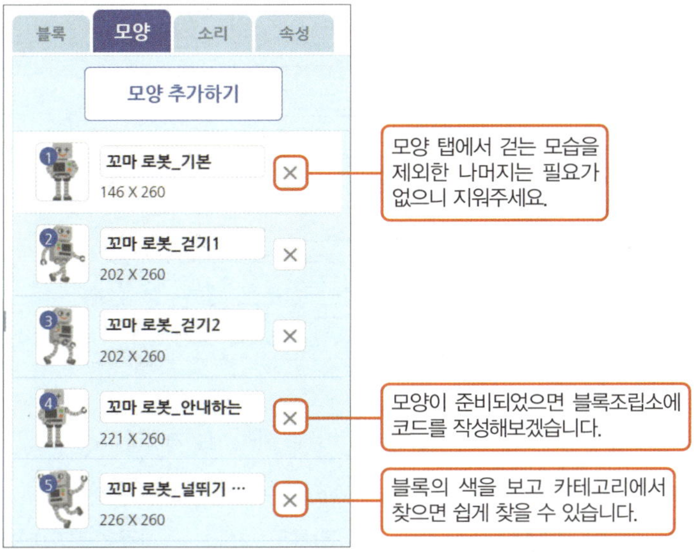

블록
모양
소리
속성
모양 추가하기
꼬마 로봇_기본
146 X 260
꼬마 로봇_걷기1
202 X 260
꼬마 로봇_걷기2
202 X 260
꼬마 로봇_안내하는
221 X 260
꼬마 로봇_널뛰기 …
226 X 260
모양 탭에서 걷는 모습을 제외한 나머지는 필요가 없으니 지워주세요.
모양이 준비되었으면 블록조립소에 코드를 작성해보겠습니다.
블록의 색을 보고 카테고리에서 찾으면 쉽게 찾을 수 있습니다.

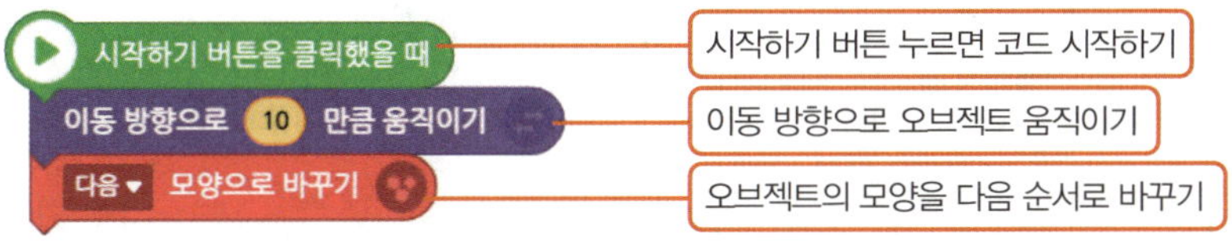

시작하기 버튼을 클릭했을 때
이동 방향으로 10 만큼 움직이기
다음 ▾ 모양으로 바꾸기
시작하기 버튼 누르면 코드 시작하기
이동 방향으로 오브젝트 움직이기
오브젝트의 모양을 다음 순서로 바꾸기

이처럼 위에서부터 아래로 순서대로 실행하도록 명령을 내리는 프로그램의 구조를 순차 구조라고 합니다.

백신봇이 계속 움직이기 위해서는 앞으로 가서 모양을 바꾸는 것을 반복해야 합니다.

시작하기 버튼을 클릭했을 때
계속 반복하기
이동 방향으로 10 만큼 움직이기
다음 ▾ 모양으로 바꾸기
0.1 초 기다리기
시작하기 버튼 누르면 코드 시작하기
블록 안의 코드들을 계속 반복하기
이동 방향으로 오브젝트 움직이기
오브젝트의 모양을 다음 순서로 바꾸기
바뀐 모양을 볼 수 있도록 기다리기( )안의 시간을 0.1로 바꾸어 주세요.

이처럼 특정 횟수나 조건을 만족할 때 까지 반복하도록 명령을 내리는 프로그램의 구조를 반복 구조라고 합니다.

그리고 [0.1 초 기다리기] 블록의 경우 모양이 너무 빨리 바뀌면 걷는 모양이 제대로 나오기 않기 때문에 넣어주는데 이때 기다리는 시간을 0.1초정도로 바꾸어 주면 너무 느리거나 빠르지 않게 모습이 바뀌게 됩니다.

이제 시작버튼을 눌러 실행시키면 백신봇이 계속 앞으로 걷는 모습을 볼 수 있습니다.

3 마우스로 움직이는 백신봇 만들기

앞서 만든 걷는 백신봇에 마우스포인터를 따라오는 기능을 추가하여 마우스로 움직이는 백신봇을 만들어봅시다.

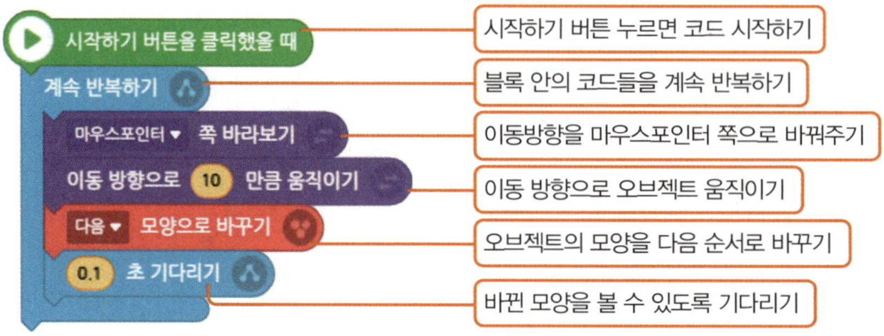

시작하기 버튼을 클릭했을 때
계속 반복하기
마우스포인터 쪽 바라보기
이동 방향으로 10 만큼 움직이기
다음 모양으로 바꾸기
0.1 초 기다리기
시작하기 버튼 누르면 코드 시작하기
블록 안의 코드들을 계속 반복하기
이동방향을 마우스포인터 쪽으로 바꿔주기
이동 방향으로 오브젝트 움직이기
오브젝트의 모양을 다음 순서로 바꾸기
바뀐 모양을 볼 수 있도록 기다리기

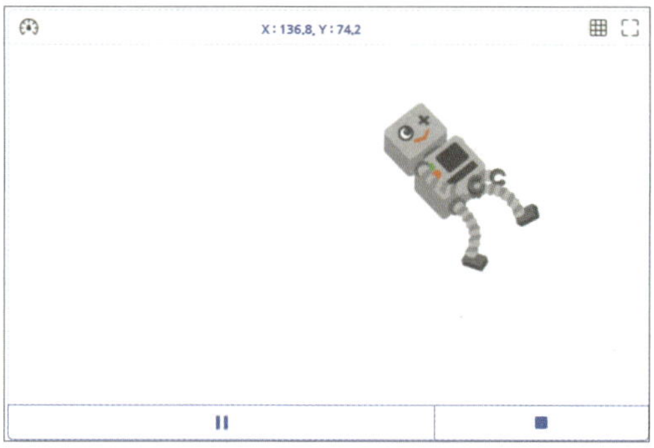

X : 136.8, Y : 74.2

이제 시작버튼을 눌러 프로그램을 실행시켜보면 백신봇이 마우스포인터( )쪽으로 걷는 모습을 볼 수 있습니다. 마우스포인터의 위치를 움직이면 따라서 백신봇이 움직이는 방향이 바뀝니다.

4 키보드로 움직이는 백신봇 만들기

키보드의 화살표 키를 눌러서 백신봇이 움직이도록 만들어보겠습니다. 백신봇이 화살표 키를 눌렀을 경우만 움직이도록 하기 위해서는 선택적으로 코드가 실행되어야 합니다. 이렇게 주어진 조건에 따라 명령을 선택적으로 실행하도록 명령을 내리는 프로그램 구조를 선택 구조라고 합니다.

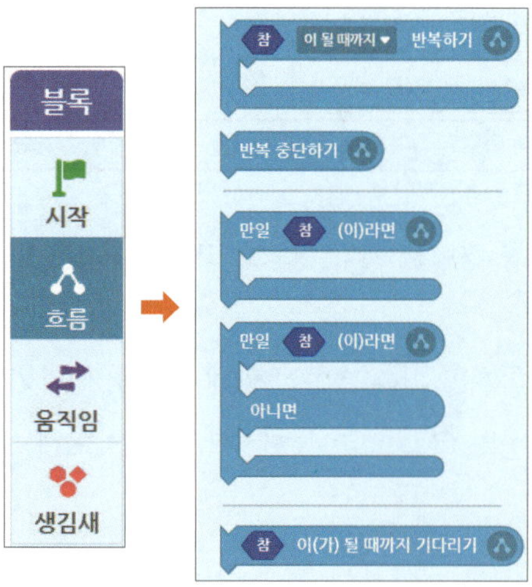

블록
시작
흐름
움직임
생김새
참 이 될 때까지 반복하기
반복 중단하기
만일 참 (이)라면
만일 참 (이)라면
아니면
참 이(가) 될 때까지 기다리기

블록꾸러미의 흐름 카테고리를 보면 조건에 따라 선택적으로 작동할 수 있는 블록들이 있습니다.

그중 만일 참 (이)라면 블록을 가져와 선택 구조의 조건을 만들겠습니다. 참 안의 조건에 해당하는 경우만 작동하는 블록입니다.

판단 카테고리에서 q▾ 키가 눌려져 있는가? 블록을 가져와 참 안에 넣어 조건을 만들어 줍니다.

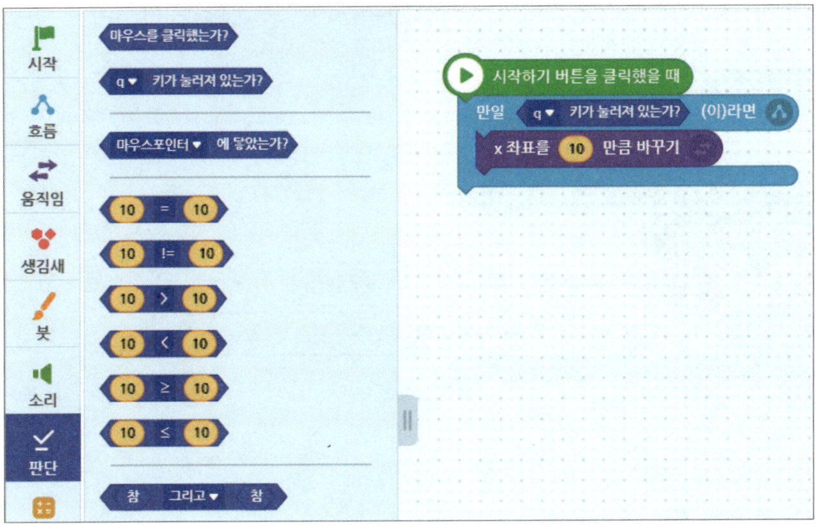

그리고 q▾ 가 쓰여진 부분은 눌러 목록을 펼치면 작동 조건이 되는 키보드의 키를 바꿀 수 있으며 오른쪽으로 움직이는 코드를 먼저 만들기 위해 「오른쪽 화살표」로 바꾸어 줍니다.

이렇게 만든 후 시작하기 버튼을 눌러 실행한 후 오른쪽 화살표 키를 눌러도 작동하지 않습니다. 그 이유는 키를 눌러 작동하도록 하는 명령은 프로그램 시작과 함께 지나가 버리기 때문입니다. 키를 눌러 작동하도록 하는 기능이 계속 작동하기 위해서는 계속 반복하기가 필요합니다.

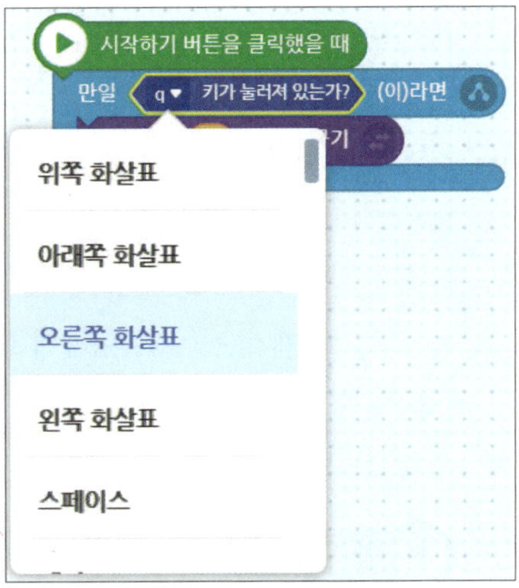

아래와 같이 코드를 작성하면 ➡ 화살표 키를 눌러 오른쪽으로 움직입니다.

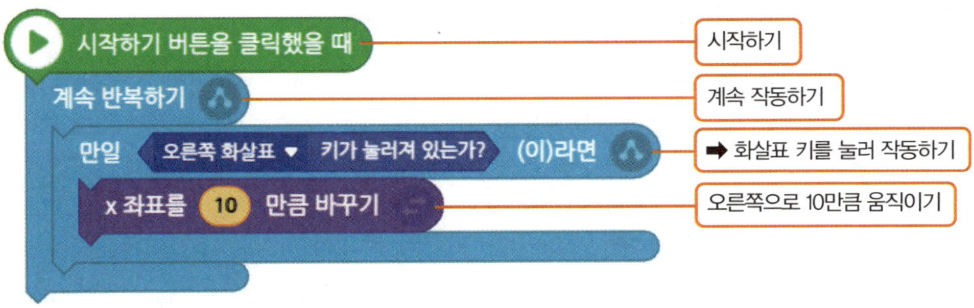

여기에 앞서 만든 것처럼 백신봇이 걷는 모양을 보여주기 위해 [다음 모양으로 바꾸기] 블록과 [( ) 초 기다리기] 블록을 붙여줍니다. ( )안의 기다리는 시간은 마찬가지로 0.1초로 바꾸어 줍니다.

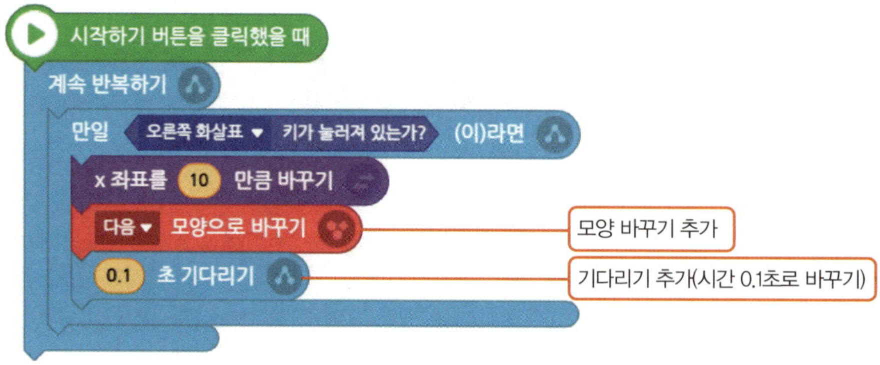

시작하기 버튼을 클릭했을 때
계속 반복하기
만일 오른쪽 화살표 ▾ 키가 눌러져 있는가? (이)라면
x 좌표를 10 만큼 바꾸기
다음 ▾ 모양으로 바꾸기
0.1 초 기다리기
모양 바꾸기 추가
기다리기 추가(시간 0.1초로 바꾸기)

이렇게 만들면 오른쪽 방향으로 움직이는 코드는 모두 만들었습니다.

하지만 백신봇이 위/아래/왼쪽 모두 움직이게 하기 위해서 이렇게 만든 코드를 복사하여 방향별로 수정해주겠습니다.
코드 위에 마우스포인터를 올려놓고 마우스의 오른쪽 버튼으로 클릭하면 메뉴가 나옵니다. 메뉴에서 「코드 복사 & 붙여넣기」를 누르면 똑같은 코드가 2개가 됩니다. 이렇게 하나 더 만든 코드를 수정하여 다른 방향으로 움직이는 코드를 만듭니다.

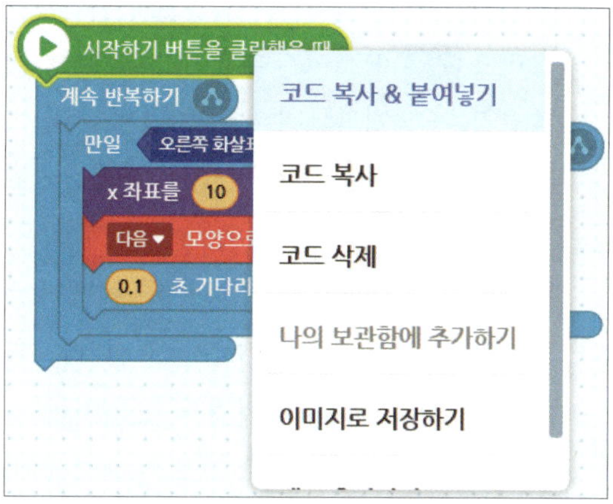

코드 복사 & 붙여넣기
코드 복사
코드 삭제
나의 보관함에 추가하기
이미지로 저장하기

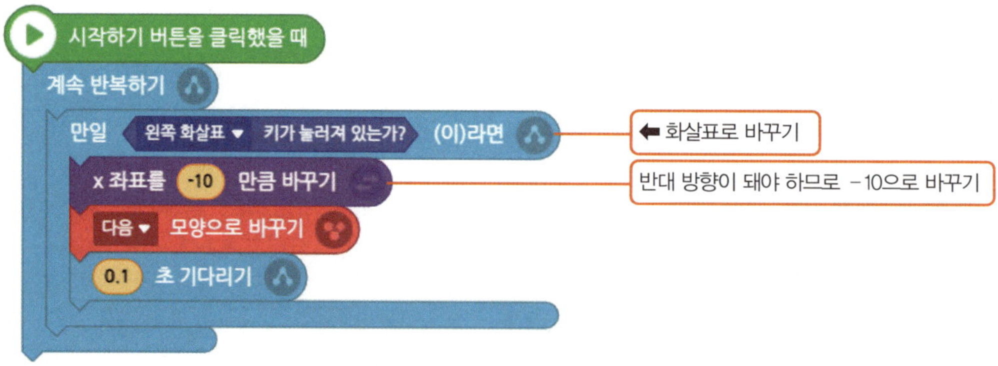

시작하기 버튼을 클릭했을 때
계속 반복하기
만일 왼쪽 화살표 ▾ 키가 눌러져 있는가? (이)라면
x 좌표를 -10 만큼 바꾸기
다음 ▾ 모양으로 바꾸기
0.1 초 기다리기
⬅ 화살표로 바꾸기
반대 방향이 돼야 하므로 -10으로 바꾸기

오른쪽으로 움직이는 코드를 반대 방향인 왼쪽으로 바꾸기 위해서는 작동 조건이 되는 키를 ⬅ 화살표로 바꾸어 주고 이동 방향도 반대가 되도록 x좌표에서 -10으로 움직이도록 수정합니다. 이렇게 수정하면 왼쪽 방향으로도 움직일 수 있습니다.

이제 위와 아래로도 움직이도록 코드를 만들어보겠습니다.

오른쪽으로 움직이는 코드를 왼쪽으로 바꾸기 위해서는 작동 조건이 되는 키와 x좌표의 숫자만 바꾸어서 수정할 수 있었지만 위/아래로 움직이기 위해서는 x좌표 대신 y좌표로 움직여야 해서 블록도 바꾸어야 합니다.

앞서 만든 블록을 복사한 후 [x좌표를 (10)만큼 바꾸기] 블록을 [y좌표를 (10)만큼 바꾸기] 블록으로 바꾸어 줍니다.

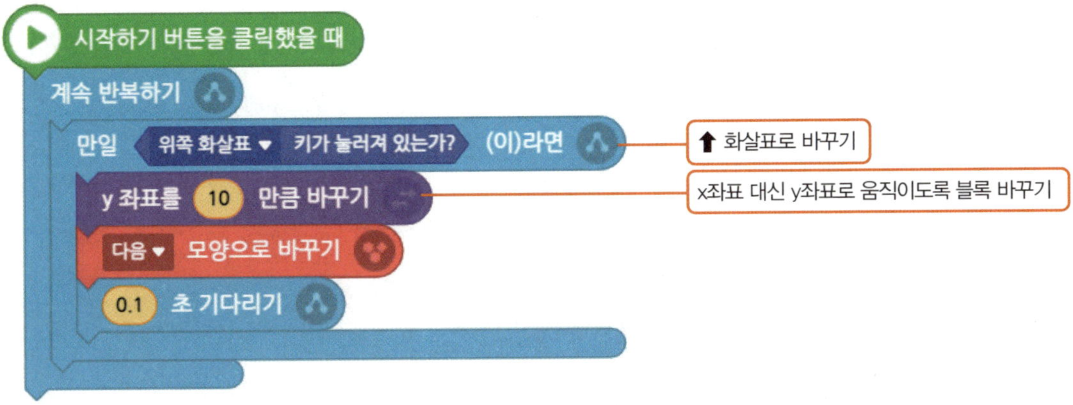
시작하기 버튼을 클릭했을 때
계속 반복하기
만일 위쪽 화살표 ▾ 키가 눌러져 있는가? (이)라면
y 좌표를 10 만큼 바꾸기
다음 ▾ 모양으로 바꾸기
0.1 초 기다리기
⬆ 화살표로 바꾸기
x좌표 대신 y좌표로 움직이도록 블록 바꾸기

위쪽 방향으로 움직이는 코드를 만들고 복사하여 아래쪽 방향으로 움직이는 코드도 만들어 주세요.

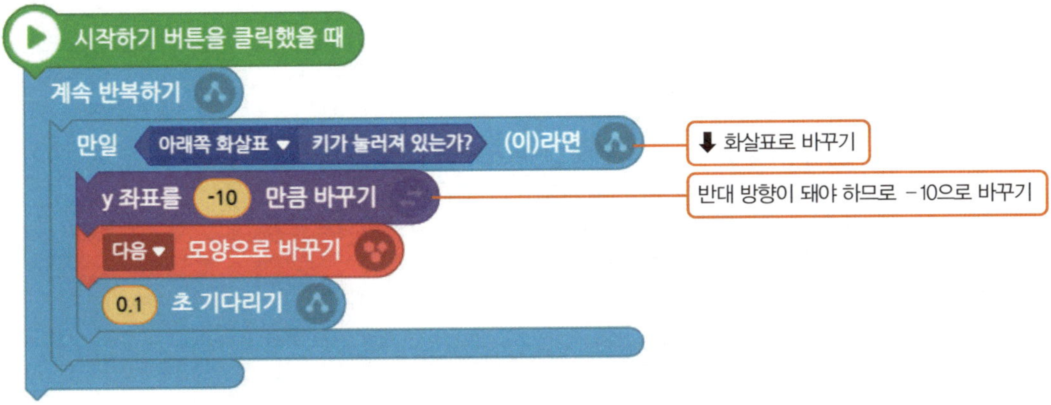
시작하기 버튼을 클릭했을 때
계속 반복하기
만일 아래쪽 화살표 ▾ 키가 눌러져 있는가? (이)라면
y 좌표를 -10 만큼 바꾸기
다음 ▾ 모양으로 바꾸기
0.1 초 기다리기
⬇ 화살표로 바꾸기
반대 방향이 돼야 하므로 −10으로 바꾸기

5 위/아래/오른쪽/왼쪽 4방향으로 움직이도록 코드가 모두 완성되었다면 시작하기 버튼을 눌러 잘 작동하는지 확인해보세요.

만약 제대로 작동하지 않는다면 예시 코드와 자신이 만든 코드를 비교해보며 어디가 다른지 찾아보세요. 이렇게 완성한 프로그램을 작동시켜보며 오류를 찾아 수정하는 것을「디버깅」이라고 합니다.

전체 블록

마우스 포인터를 따라 걷는 백신봇

```
시작하기 버튼을 클릭했을 때
계속 반복하기
    마우스포인터 ▾ 쪽 바라보기
    이동 방향으로 (10) 만큼 움직이기
    다음 ▾ 모양으로 바꾸기
    (0.1) 초 기다리기
```

키보드로 움직이는 백신봇

```
시작하기 버튼을 클릭했을 때
계속 반복하기
    만일 <오른쪽 화살표 ▾ 키가 눌러져 있는가?> (이)라면
        x 좌표를 (10) 만큼 바꾸기
        다음 ▾ 모양으로 바꾸기
        (0.1) 초 기다리기
```

```
시작하기 버튼을 클릭했을 때
계속 반복하기
    만일 <왼쪽 화살표 ▾ 키가 눌러져 있는가?> (이)라면
        x 좌표를 (-10) 만큼 바꾸기
        다음 ▾ 모양으로 바꾸기
        (0.1) 초 기다리기
```

```
시작하기 버튼을 클릭했을 때
계속 반복하기
    만일 <위쪽 화살표 ▾ 키가 눌러져 있는가?> (이)라면
        y 좌표를 (10) 만큼 바꾸기
        다음 ▾ 모양으로 바꾸기
        (0.1) 초 기다리기
```

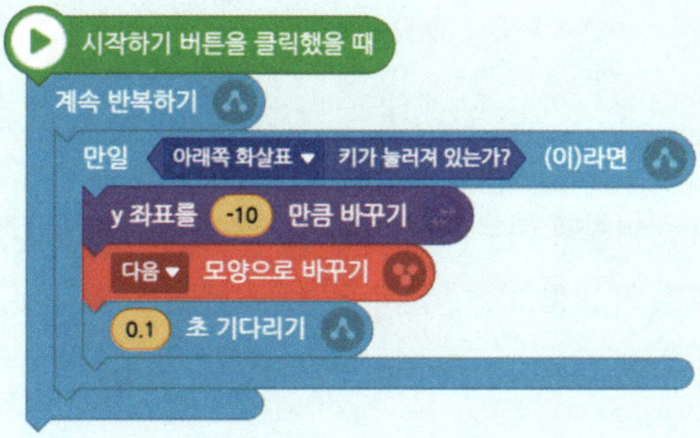
시작하기 버튼을 클릭했을 때
계속 반복하기
만일 아래쪽 화살표 ▾ 키가 눌러져 있는가? (이)라면
y 좌표를 -10 만큼 바꾸기
다음 ▾ 모양으로 바꾸기
0.1 초 기다리기

실행화면

Qz 퀴즈

Q. 백신봇의 위치를 위로 움직이기 위해서는 좌표를 어떻게 움직여야 할까요?

① x좌표를 10만큼 바꾸기

② x좌표를 –10만큼 바꾸기

③ y좌표를 10만큼 바꾸기

④ y좌표를 –10만큼 바꾸기

정답 : ③

챌린지

화면에서 오브젝트를 움직이기 위해 좌표에 대해서 알아봅시다.

마우스포인터를 따라 움직일때는 오브젝트의 이동 방향이 마우스포인터를 바라보도록하여 움직이도록 하였습니다. 하지만 키보드를 이용해 움직일때는 오브젝트의 방향과 상관없이 화면을 기준으로 움직이도록 하기 위해서 좌표에 따라 움직이도록 만들었습니다. 이러한 것을 이해하기 위해 좌표의 개념을 알아보면 아래와 같습니다.

좌표 : 직선이나 평면 위에서 점의 위치를 나타내는 수를 좌표라고 합니다. 스크래치 화면 위에서 좌표는 오른쪽/왼쪽 위치를 나타내는 X값과 위/아래 위치를 나타내는 Y값으로 짝지어 나타냅니다.

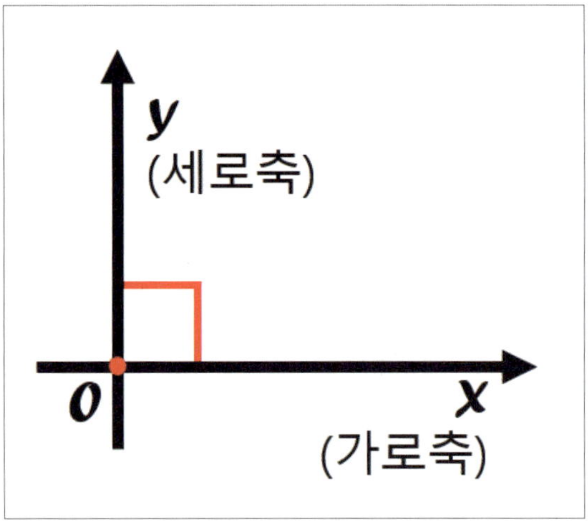

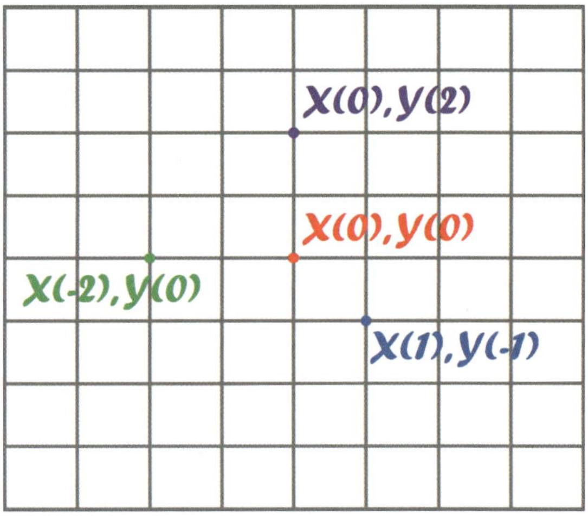

엔트리에서 화면을 기준으로 작동시킬 때는 좌표를 사용하도록 합니다. 그리고 필요한 좌표의 위치는 마우스포인터를 실행화면 위에 올리면 그 곳의 좌표가 실행화면 위에 표시됩니다.

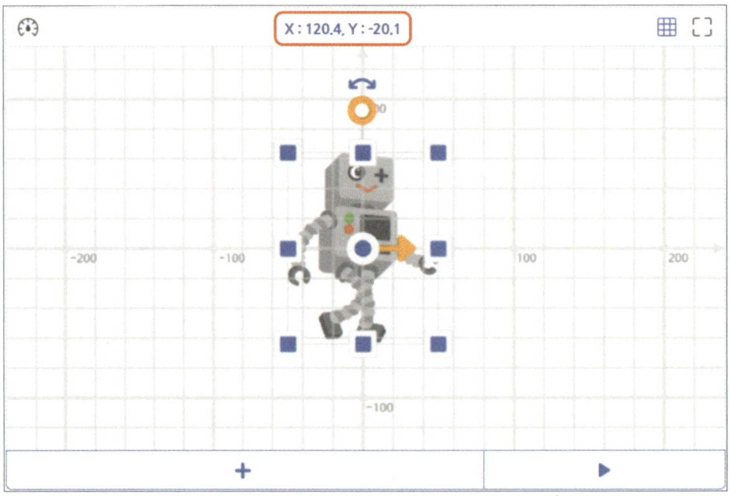

STAGE outtro

개인정보로 학생들을 위협하는 AI스쿨바이러스를 무찌르기 위해 드디어 제이와 친구들은 키보드와 마우스로 움직일 수 있는 백신봇을 완성하게 된다. 이제 AI스쿨바이러스를 무찌르러 가는 것만 남았는데, 과연 우리 교실을 AI스쿨바이러스로부터 지킬 수 있을까?

백신봇 완성! 이제 바이러스를 무찌르러 가자!
두둥 등장!
샤 샤
와, 백신봇 나왔다! 바이러스 따위는 빨리 물리쳐버려!
우와
!
쿵! 쿵!
내가 조종할게 원래 게임하면 제이 아니겠어? ㅋㅋ 저의 환상적인 컨트롤을 보여드리죠!!
탁탁… 타타탁
투캉
투캉
어림없지!
콰직!!
안되겠다 도망가자!
쌩
와~ 와~ 이겼다!!

STAGE 2

AI 백신봇의 철벽 방어막

교실 컴퓨터에 침입한 바이러스는 AI스쿨바이러스로 진화해서 학교에 있는 모든 컴퓨터를 감염시키려고 시도한다. 학교의 모든 컴퓨터를 감염시키고 방화벽을 무너뜨려서 세상 밖으로 나가려는 스쿨 바이러스, 첫 번째 타겟은 방송실인데, 바이러스의 음성에 당황한 학생들을 진정시키고 학교 컴퓨터들을 지키기 위해 백신봇을 AI백신봇으로 업그레이드해야 한다.

크하하
쿠오아~!
츠츠츠츠
우선 이 학교에 있는
모든 컴퓨터를
감염시켜서~
크하하학
슈웅
그 힘으로 학교의
방화벽을 무너뜨리겠어!!
교장 선생님이 전달합니다.
6학년 사랑반 친구들은 모두
컴퓨터실로 가서 바로 컴퓨터를
켜도록 합니다!
이 반은
왜 이렇게
시끄럽니?
웅성 웅성~
웅성~웅성~
척
척
척
척
척
휙
응? 아무도
없는데?
깜빡
깜빡
교수님!! 백신봇이
바이러스를 무찌르기에
아직 부족한가봐요!
엔트리에는 기본적으로 제공하는
인공지능 블록들이 있단다.
그 기능들을 장착하면 진화한
바이러스를 무찌를 수 있을 거야.
번역
비디오 감지
오디오 감지
읽어 주기

키워드

인공지능(Artificial Intelligence)

인공지능이란 인간의 지적 능력을 컴퓨터로 구현하는 과학 기술을 의미합니다. 상황을 인지하는 능력과 이성적이고 논리적으로 판단하는 능력 등이 포함됩니다. 과거에는 컴퓨터가 사람을 대신해서 단순한 작업만 해 왔다면, 이제는 인공지능(AI)이 우리의 지적 기능도 수행하는 수준으로 발전했습니다.

쉬는 시간

엔트리의 AI 기능을 통해 다양한 작품을 만들 수 있습니다. 우리가 배우는 내용 이외에도 다양한 방법을 통해 만들어진 예시 작품을 살펴보고, 직접 실행해 보거나 코드를 공유할 수도 있습니다. 네이버에서 '엔트리'를 검색한 후, '쉽게 시작하는 인공지능 교육, 엔트리와 함께해요!' 포스트에 들어갑니다. 아래쪽 다양한 예시 작품의 링크를 활용해서 새로운 게임을 만들어 볼 수 있습니다.

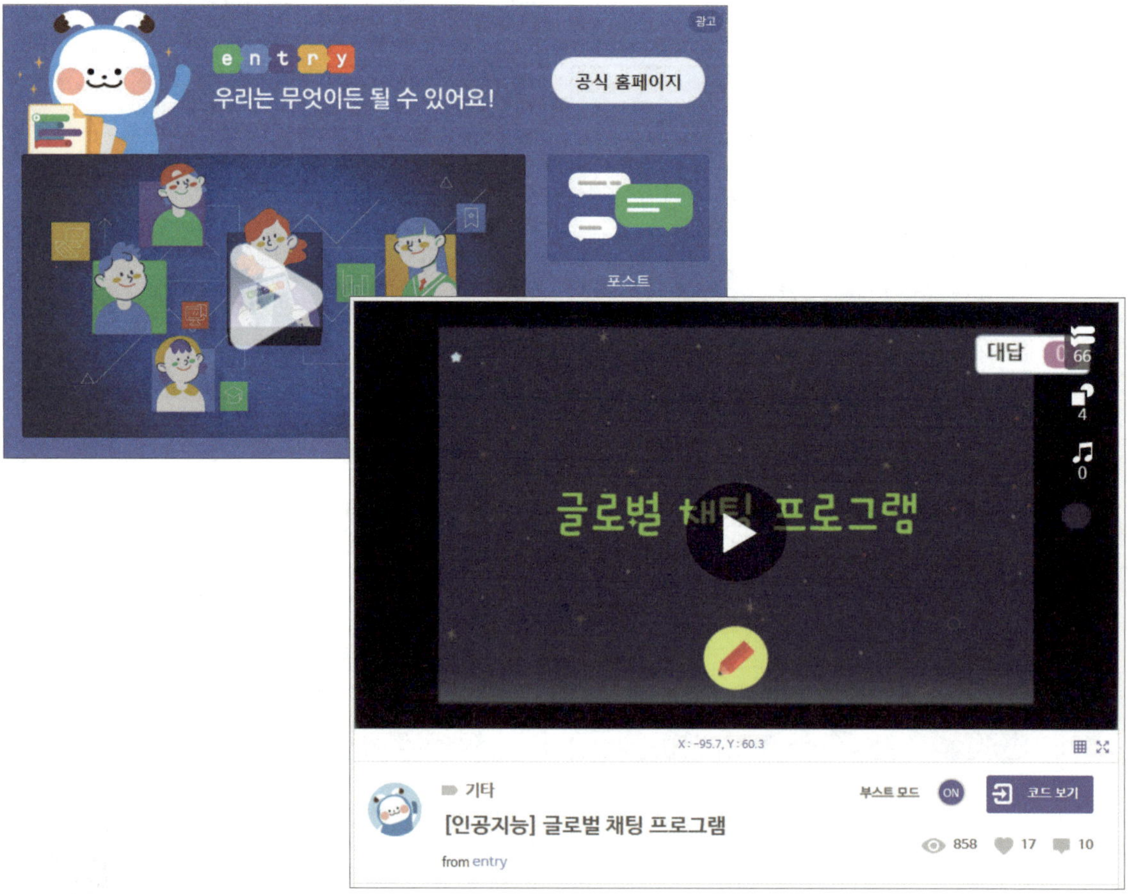

Quest 4

Quest 4 바이러스의 가짜 음성(1)

바이러스는 교장 선생님의 목소리를 흉내 내서 6학년 사랑반 학생들을 컴퓨터실로 보낸다. 제이와 친구들은 바이러스가 인공지능 블록을 학습하여 AI 스쿨바이러스로 진화했다는 것을 알고, 인공지능 블록을 살펴보고 백신봇을 업그레이드하기로 한다.

이렇게 하면 되겠어!
교장 선생님의 목소리라면, 모두가 내 말을 따르겠지!!
컴퓨터실로 달려간 6학년 모두가 신나서 컴퓨터를 켜면, 모두 망가뜨려 버릴 거야!
슈슈슉
방송실
어머, 방송실 컴퓨터는 보통 화면이 꺼져 있는데? 무슨 일이지?
지난주에 교장 선생님과 영상을 만들고 나서 컴퓨터를 쓴 적이 없어요!
앗! 우리가 본적이 없는 블록들이 있는걸? '음성 인식하기'라고 써져 있어!
탁탁
바이러스가 이걸 이용해서 교장 선생님의 목소리를 따라 했구나!!
백신봇! 질 수 없지!!
캉-캉-

제이와 친구들은 AI 블록을 사용해 백신봇을 업그레이드하기로 합니다. 첫 번째 AI 블록인 '오디오 감지' 블록을 사용하기 위해서는 마이크가 필요합니다.

이번 퀘스트에서는 마이크를 장착해 오디오 감지 블록과 함께 활용하는 방법을 알아보겠습니다.

마이크 소리크기 0
마이크가 연결되었습니다.

키워드

오디오 감지 블록

마이크를 이용하여 소리와 음성을 감지할 수 있는 블록 모음입니다. AI블록은 인터넷이 연결되어 있는 환경에서 정상적으로 동작하기 때문에, 학습하기 전에 인터넷 연결을 반드시 확인하도록 합니다.

1 AI 블록 불러오기

'블록' 탭의 아래 부분에 있는 '인공지능' 아이콘을 클릭합니다. 위 부분에 있는 'AI 블록 불러오기'를 클릭한 후, AI 블록 4가지를 모두 클릭하고 '추가하기'를 누릅니다.

Powered by Naver
번역
파파고를 이용하여 다른 언어로 번역할 수 있는 블록 모음입니다.
비디오 감지
카메라를 이용하여 사람(신체), 얼굴, 사물 등을 인식하는 블록들의 모음입니다. (IE 및 iOS 미지원)
Powered by NAVER Clova
오디오 감지
마이크를 이용하여 소리와 음성을 감지할 수 있는 블록 모음입니다. (IE/Safari 브라우저 미지원)
가
Powered by NAVER Clova
읽어주기
nVoice 음성합성 기술로 다양한 목소리로 문장을 읽는 블록모음 입니다.

② 마이크 연결하기

컴퓨터의 오디오 또는 USB 포트에 마이크 연결선을 꽂아 마이크를 연결합니다. 마이크가 연결되면 오른쪽 아래에 '마이크가 연결되었습니다.'라는 메시지가 나타납니다. 노트북에 기본적으로 내장된 마이크는 작업 표시줄 오른쪽 마이크 모양의 아이콘에서 확인할 수 있습니다.

③ 마이크 연결 확인하기

[시작하기 버튼을 클릭했을 때] 블록을 가져와서, 마이크가 정상적으로 연결되었는지 확인하는 코드를 만들어 봅시다.

'흐름' 블록 꾸러미에서 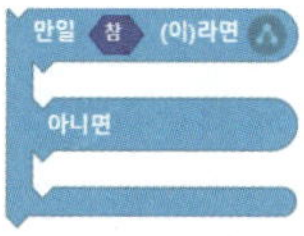 블록을 가져다가 마이크가 연결되었을 때, 연결되지 않았을 때의 답변을 선택해서 말하도록 해 줍니다.

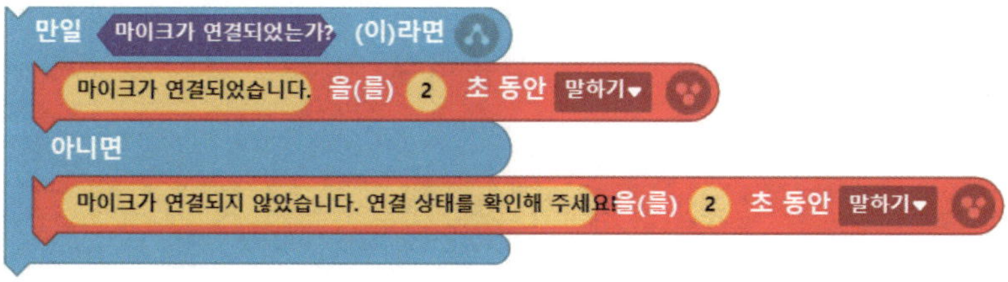

❶ 마이크가 연결되었는지 그렇지 않은지를 판단합니다.

❷ 연결되었을 경우, '마이크가 연결되었습니다.'를 2초 동안 말합니다.

❸ 그렇지 않을 경우, 연결 상태를 확인하는 메시지를 띄웁니다.

④ 스피커 볼륨 조절하기

앞으로의 퀘스트에서 마이크와 스피커를 계속 사용해야 하니 마이크에 인식되는 소리 크기를 확인하고 스피커의 볼륨을 키보드로 조정할 수 있도록 만들어 봅시다.

'시작' 블록 꾸러미에서 [위쪽 화살표▾ 키를 눌렀을 때]을 가져옵니다.
위쪽 화살표, 아래쪽 화살표 키를 눌렀을 때 백신봇이 스피커의 볼륨을 조절할 수 있도록 '소리' 블록 꾸러미에서 가져온 [소리 크기를 10 % 만큼 바꾸기] 블록을 이용해 10%와 –10% 값을 각각 만들어 줍니다.

'생김새' 블록 꾸러미에서 말하기 블록을 가져와서 현재 소릿값을 표시해 줍니다. '계산' 블록 꾸러미의 '소릿값' 블록과 ( ) 과(와) ( ) 를 합치기 블록을 사용하면 백신봇이 소릿값을 한 번에 말할 수 있습니다. 만든 후 시작하기 버튼를 눌러 실행시켜 어떻게 작동하는지 확인합니다.

5 마이크에 인식되는 소리 크기 확인하기

'속성' 탭의 변수를 추가해서 지금 마이크가 인식하는 소리 크기를 값으로 나타내 봅시다.

'마이크 소리크기' 변수를 추가하면 '자료' 블록 꾸러미에 마이크 소리크기▾ 를 ( ) (으)로 정하기 블록이 생겨납니다.

'인공지능' 블록 꾸러미의 마이크 소리크기 블록을 활용해서 스페이스 키를 눌렀을 때 실행 화면 오른쪽 위에 마이크의 소리크기 값이 나오도록 만들어 봅시다.

마이크 소리크기 18.08 와 같이 표현되도록 만들거나, 백신봇이 마이크 소리 크기를 말하도록 만들어 봅시다.

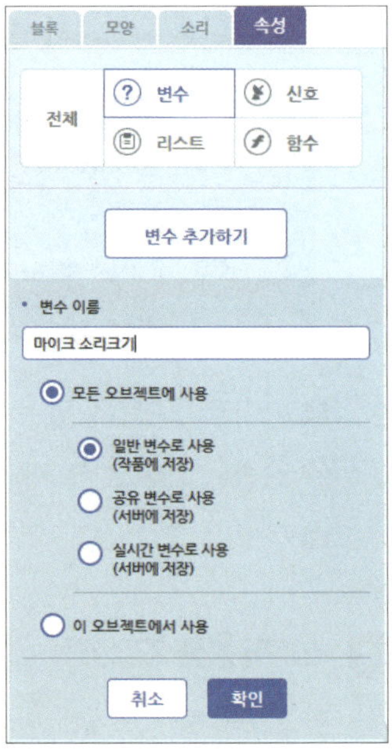

전체 블록

마이크 연결 확인하기

```
시작하기 버튼을 클릭했을 때
만일 <마이크가 연결되었는가?> (이)라면
    마이크가 연결되었습니다. 을(를) 2 초 동안 말하기▾
아니면
    마이크가 연결되지 않았습니다. 연결 상태를 확인해 주세요! 을(를) 2 초 동안 말하기▾
```

스피커 볼륨 조절하기

```
위쪽 화살표▾ 키를 눌렀을 때
소리 크기를 10 % 만큼 바꾸기
현재 소릿값은 과(와) 소릿값 과(와) 입니다. 를 합치기 를 합치기 을(를) 1 초 동안 말하기▾
```

```
아래쪽 화살표▾ 키를 눌렀을 때
소리 크기를 -10 % 만큼 바꾸기
현재 소릿값은 과(와) 소릿값 과(와) 입니다. 를 합치기 를 합치기 을(를) 1 초 동안 말하기▾
```

마이크에 인식되는 소리 크기 확인하기

```
스페이스▾ 키를 눌렀을 때
마이크 소리크기▾ 를 마이크 소리크기 (으)로 정하기
```

실행화면

퀴즈

Q. 백신봇이 '마이크 소리크기' 와 '~입니다'를 자연스럽게 합쳐서 말하기 위해서는 어떤 블록 꾸러미를 활용해야 할까요?

① '시작' 블록 꾸러미
② '흐름' 블록 꾸러미
③ '움직임' 블록 꾸러미
④ '판단' 블록 꾸러미
⑤ '계산' 블록 꾸러미

정답 : ⑤

Quest 5 바이러스의 가짜 음성(2)

이제 마이크를 장착한 백신봇은 본격적인 음성 인식 기능을 배우려고 합니다. 정해진 말을 인식했을 때, 백신봇이 방송실의 장비를 켜고 방송을 할 준비를 하도록 해야 합니다.

이번 퀘스트에서는 AI 블록과 마이크를 활용해 백신봇에게 음성으로 명령할 수 있도록 만들어 보겠습니다.

네, 백신봇이에요!

핵심 기능

음성 인식하기

연결된 마이크를 활용해서 음성을 감지해서 인식합니다. 음성을 인식한 값은 저장되고, 저장된 값은 AI 블록을 활용해서 불러와서 활용할 수 있습니다.

1 음성 인식 준비하기

시작하기 버튼을 클릭했을 때 백신봇이 음성인식 안내를 하도록 만들어 봅시다.

[시작하기 버튼을 클릭했을 때] 시작하기 버튼을 클릭하면, 마이크가 연결되었는지 확인하고 연결이 되었다면 음성인식을 할 준비가 되었다고 말하도록 합니다.

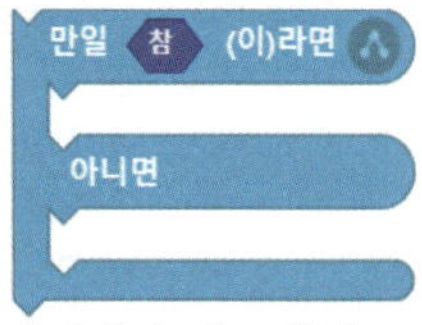
만일 참 (이)라면
아니면

블록을 한 번 더 활용하여 마이크가 연결되었으면 백신봇이 "음성 인식이 가능합니다."와 "스페이스 키를 누르면 음성 인식을 시작합니다." 라고 말하고, 그렇지 않으면 '마이크의 연결 상태를 확인해 주세요.' 라고 말하도록 만들어 봅시다.

시작하기 버튼을 클릭했을 때
만일 마이크가 연결되었는가? (이)라면
음성 인식이 가능합니다. 을(를) 2 초 동안 말하기
스페이스 키를 누르면 음성 인식을 시작합니다. 을(를) 2 초 동안 말하기
아니면
마이크의 연결 상태를 확인해 주세요. 을(를) 2 초 동안 말하기

❶ [마이크가 연결되었는가?] 블록을 '인공지능' 카테고리에서 가지고 옵니다.

❷ 연결되었다면, '음성 인식이 가능합니다.' 와 '스페이스 키를 누르면 음성 인식이 가능합니다.'를 각 2초 동안 말하도록 합니다.

❸ 연결되지 않았을 경우, '마이크의 연결 상태를 확인해 주세요.' 라고 2초 동안 말합니다.

2 음성 인식하기

특정 키를 눌렀을 때 음성 인식을 시작하도록 만들어 봅시다.

[스페이스 키를 눌렀을 때] 블록을 가지고 와서 원하는 키로 바꿔 준 다음, 블록꾸러미의 '인공지능' 카테고리에서 [음성 인식하기] 블록을 가지고 옵니다.

음성 인식을 시작하기 전 [음성 인식을 시작하겠습니다. 을(를) 1 초 동안 말하기] 백신봇이 음성 인식을 시작한다고 말하도록 만들어 봅시다.

인식한 음성은 저장되며, 음성을 문자로 바꾼 값은 [음성을 문자로 바꾼 값] 블록을 사용해서 말하거나 조건문에 활용할 수 있습니다.

음성 인식이 완료되었으면 '음성 인식을 완료했습니다.'라고 백신봇이 말하도록 만들어 봅시다.

먼저, 인공지능 블록 꾸러미에서 [음성을 문자로 바꾼 값] 블록을 가져와서 백신봇이 인식한 음성을 말하도록 만들어 보겠습니다.

[음성을 문자로 바꾼 값 을(를) 2 초 동안 말하기▾] 블록을 사용합니다.

백신봇이 인식한 음성을 말하도록 만들어 보고, 내 목소리가 정상적으로 인식되는지 시작하기 버튼을 클릭해서 확인해 봅시다.

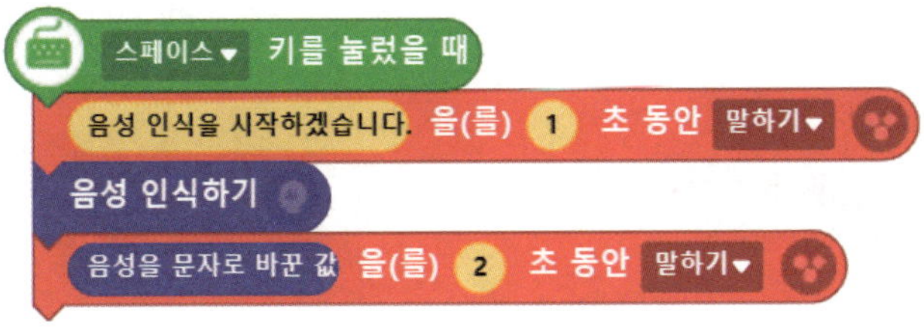

스페이스▾ 키를 눌렀을 때
음성 인식을 시작하겠습니다. 을(를) 1 초 동안 말하기▾
음성 인식하기
음성을 문자로 바꾼 값 을(를) 2 초 동안 말하기▾

❶ 스페이스 키를 눌렀을 때 음성을 인식하도록 두 블록을 결합합니다.

❷ '음성 인식을 시작하겠습니다.'를 먼저 말합니다.

❸ 음성을 인식합니다.

❹ [음성을 문자로 바꾼 값] 블록을 사용해 인식한 내용을 말해 줍니다.

3 인식한 음성 저장하기

변수 값을 추가해서 인식한 음성 값을 바로 확인할 수 있도록 만들어 봅시다.

'속성' 탭에서 '인식한 음성'이라는 변수를 추가합니다.

실행 화면 왼쪽 위와 '자료' 블록 꾸러미에서 '인식한 음성' 변수를 확인합니다.

[인식한 음성▾ 를 음성을 문자로 바꾼 값 (으)로 정하기] '자료' 블록 꾸러미와 '인공지능' 블록 꾸러미에서 각각 블록을 가지고 와서 인식한 음성을 변수 값으로 정해 줍니다.

시작하기 버튼을 클릭해서 백신봇이 음성을 인식하고, 인식한 음성이 정상적으로 변수로 저장되는지 확인해 봅시다.

[인식한 음성 백신] 인식한 음성이 화면에 정상적으로 나타나는지 확인합니다.

4 백신봇에게 음성으로 명령하기

백신봇이 특정 명령을 들었을 때, 방송실의 장비들을 켤 수 있도록 만들어 봅시다.

첫 번째로 백신봇이 '백신' 이라는 명령어를 들었을 때 '네, 음성 인식이 가능한 AI 백신봇이에요!' 라고 말하도록 만들어 봅시다.

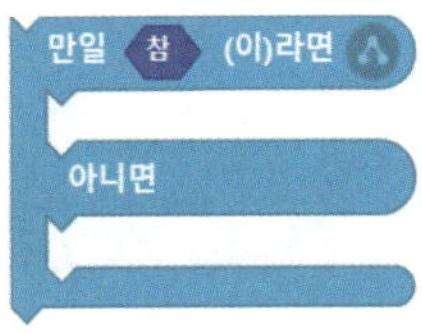

만일 참 (이)라면
아니면

블록과 '판단' 블록 꾸러미에 [=] 있는 블록을 사용해 봅시다.

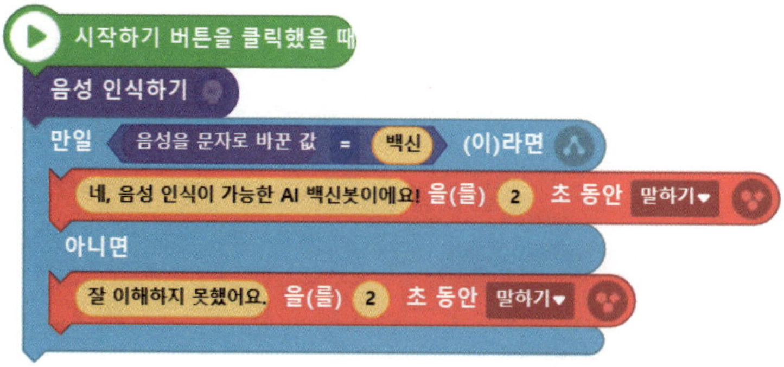

❶ 시작하기 버튼을 눌렀을 때 음성 인식을 시작하도록 합니다.

❷ 인공지능 블록 꾸러미에서 [음성을 문자로 바꾼 값] 블록을 가져와서 [음성을 문자로 바꾼 값] = [백신] 으로 정해 줍니다.

❸ 만약 참이라면, '네, 음성 인식이 가능한 AI 백신봇이에요!'를 2초 동안 말하도록 합니다.

❹ 그렇지 않다면, '잘 이해하지 못했어요.'를 2초 동안 말하도록 합니다.

'속성' 탭에서 '마이크전원' 신호를 추가합니다.

속성 탭의 '신호'를 선택해서, '마이크전원' 신호를 추가해 줍니다.

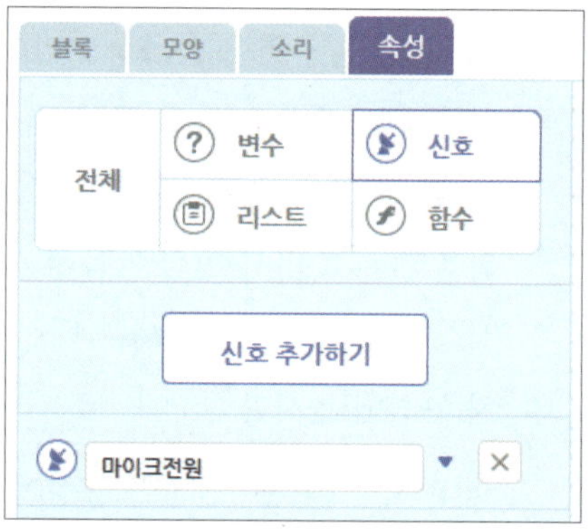

스위치(2) 오브젝트를 추가합니다.

백신봇이 '마이크' 라는 명령어를 들었을 때 '마이크를 켤게요.' 라고 말하고  블록을 사용해서 마이크에 신호를 보냅니다.

시작하기 버튼을 클릭했을 때
음성 인식하기
만일 음성을 문자로 바꾼 값 = 마이크 (이)라면
마이크전원▾ 신호 보내기

❶ 시작하기 버튼을 클릭했을 때 음성을 인식합니다.

❷ [음성을 문자로 바꾼 값] = 마이크 일 때 신호를 보냅니다.

[마이크전원▾ 신호를 받았을 때] 블록을 사용해서 신호를 받았을 때 마이크 스위치가 켜지도록 만들어 봅시다. 마이크의 스위치는 시작하기 버튼을 클릭했을 때 꺼져 있는 모양이었다가, 백신봇이 신호를 보내면 켜집니다. '생김새' 블록 꾸러미의 블록을 활용해 만들어 봅시다.

5 방송 준비하기

백신봇이 마이크 이외에도 여러 가지 신호를 받아서 방송실의 장비들을 켤 수 있도록 만들어 봅시다.

다른 음성이 인식되었을 경우, 인식된 음성을 그대로 따라할 수 있도록 만들어 봅시다.

[( ) 과(와) ( ) 를 합치기] 블록을 사용해서 '~ 이라고 말씀하셨습니다.' 라고 백신봇이 말할 수 있도록 합니다.

마이크 전원이 켜졌을 때, '마이크 전원이 켜졌습니다' 라고 말 할 수 있도록 만들어 봅시다.

전체 블록

백신봇

음성 인식 준비하기

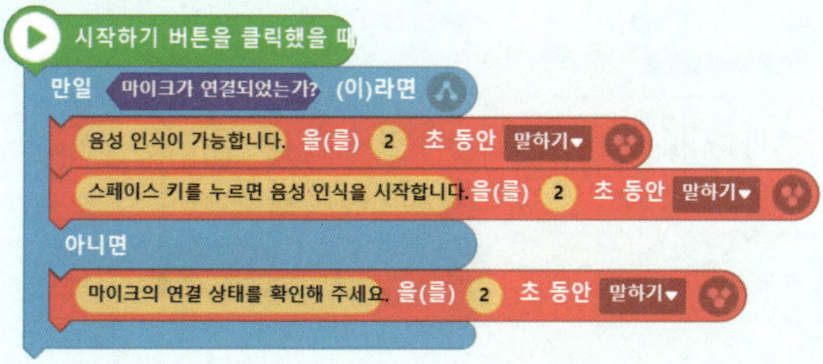
시작하기 버튼을 클릭했을 때
만일 마이크가 연결되었는가? (이)라면
음성 인식이 가능합니다. 을(를) 2 초 동안 말하기▾
스페이스 키를 누르면 음성 인식을 시작합니다. 을(를) 2 초 동안 말하기▾
아니면
마이크의 연결 상태를 확인해 주세요. 을(를) 2 초 동안 말하기▾

음성 인식하기

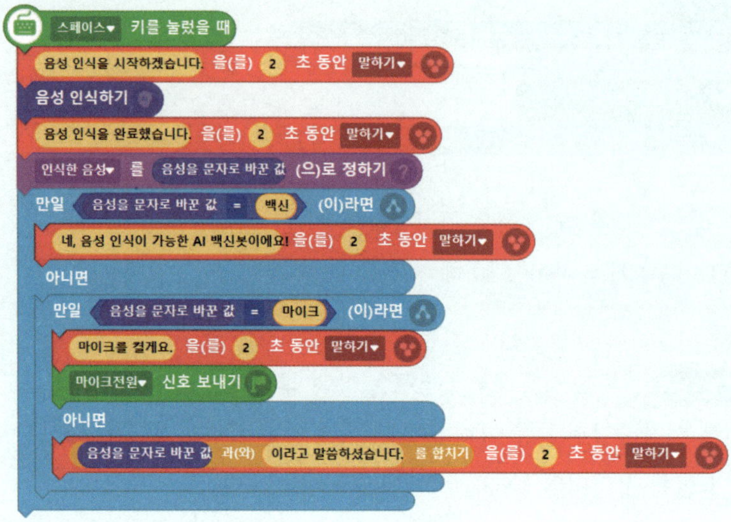
스페이스 키를 눌렀을 때
음성 인식을 시작하겠습니다. 을(를) 2 초 동안 말하기
음성 인식하기
음성 인식을 완료했습니다. 을(를) 2 초 동안 말하기
인식한 음성 를 음성을 문자로 바꾼 값 (으)로 정하기
만일 음성을 문자로 바꾼 값 = 백신 (이)라면
네, 음성 인식이 가능한 AI 백신봇이에요! 을(를) 2 초 동안 말하기
아니면
만일 음성을 문자로 바꾼 값 = 마이크 (이)라면
마이크를 켤게요. 을(를) 2 초 동안 말하기
마이크전원 신호 보내기
아니면
음성을 문자로 바꾼 값 과(와) 이라고 말씀하셨습니다. 를 합치기 을(를) 2 초 동안 말하기

마이크 전원 켜고 끄기

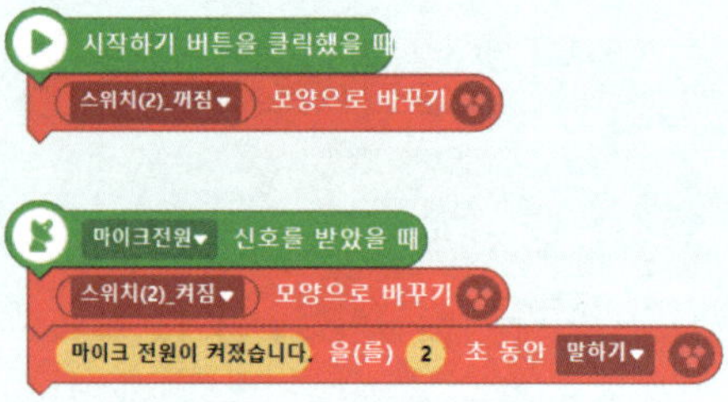
시작하기 버튼을 클릭했을 때
스위치(2)_꺼짐 모양으로 바꾸기
마이크전원 신호를 받았을 때
스위치(2)_켜짐 모양으로 바꾸기
마이크 전원이 켜졌습니다. 을(를) 2 초 동안 말하기

실행화면

X : -222.0, Y : 46.5
마이크 소리크기 0
인식한 음성 백신
네, 음성 인식이 가능한 A
I 백신봇이에요!

Quest ⑥

Quest 6 감염을 막아라!

음성을 인식하는 법을 배운 백신봇, 이제 방송실로 가고 있는 6학년 사랑반 학생들을 멈춰야 한다. 방송실 마이크는 바이러스에 감염되어 선생님이나 하늘이가 직접 말 할 수 없는 상황, 어떻게 해야 백신봇이 선생님과 비슷한 목소리로 방송을 할 수 있을까?

음성 인식하기 기능을 추가했어요!
어? 컴퓨터 화면이 왜 이러지? 이상해!
뭐지?
바이러스는 컴퓨터가 가장 많이 있는 장소를 노리고 있을거야 이걸 참고해서 학교를 지켜주렴~
컴퓨터가 많이 있는 장소? 컴퓨터실 이잖아!
당장 방송을 해서 컴퓨터를 켜지 않게 해야 해!!
후다닥

방송실 마이크가 바이러스에 감염되어 선생님이나 하늘이가 직접 전교에 방송을 할 수 없는 상황에서 백신봇이 선생님의 목소리를 흉내내어 방송을 해야 합니다.

이번 퀘스트에서는 AI 블록을 이용하여 다양한 목소리를 만들어 보고 방송을 해 보겠습니다.

우와~ 진짜 똑같다!
에~본인은 교장샘 입니다~

Key 키워드

소리의 속도와 음높이

엔트리에서는 다양한 목소리의 속도와 음높이를 설정해서 읽어줄 수 있습니다. 속도는 '매우 느린'에서 '매우 빠른'까지 다섯 단계로 설정할 수 있고, 음높이 또한 '매우 낮은'에서 '매우 높은'까지 다섯 단계로 설정할 수 있습니다. 이 설정을 바꾸어 다양한 목소리를 구현할 수 있습니다.

① 읽어주기 블록 사용하기

시작하기 버튼을 클릭했을 때, 백신봇이 음성을 인식하고 인식한 음성을 그대로 읽어 주도록 만들어 봅시다.

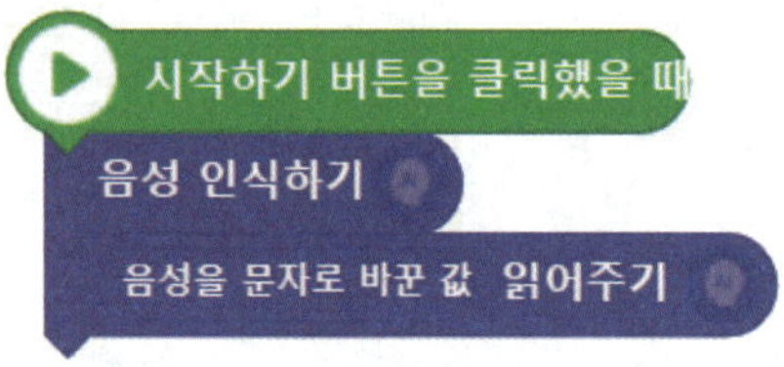
시작하기 버튼을 클릭했을 때
음성 인식하기
음성을 문자로 바꾼 값 읽어주기

❶ 시작하기 버튼을 누르면 음성을 인식합니다.

❷ [음성을 문자로 바꾼 값]을 그대로 읽어줍니다.

기본적으로 여성의 보통 속도, 보통 음높이로 인식한 음성을 읽어 주는 것을 확인할 수 있습니다.

2 목소리 설정하기

백신봇이 음성 명령을 인식해서 남성 또는 여성의 목소리로 방송을 하도록 해 봅시다.

시작하기 버튼을 클릭했을 때, [여성▾ 목소리를 보통▾ 속도 보통▾ 음높이로 설정하기] 기본 설정으로 돌아가도록 합니다.

[엔트리 읽어주고 기다리기] 블록을 사용해서 '어떤 목소리로 방송할까요? 남성과 여성 중 골라주세요.' 라고 읽어주고 기다리도록 합니다.

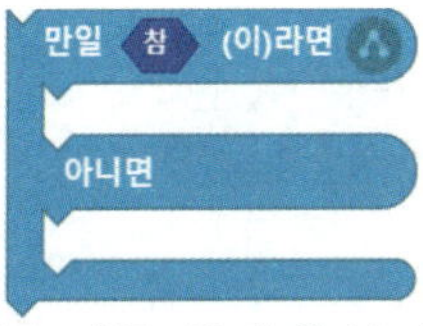
만일 참 (이)라면
아니면

백신봇이 음성을 인식한 후, 위 블록과 [( ) = ( )] 블록을 사용해서 남성 목소리와 여성 목소리를 골라 목소리를 설정해 봅시다.

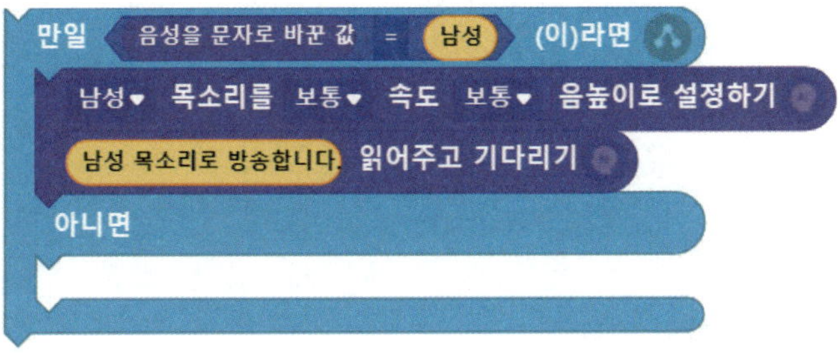
만일 음성을 문자로 바꾼 값 = 남성 (이)라면
남성▾ 목소리를 보통▾ 속도 보통▾ 음높이로 설정하기
남성 목소리로 방송합니다. 읽어주고 기다리기
아니면

❶ 만약 '남성' 음성을 인식했으면 반응하도록 합니다.

❷ '여성' 으로 되어 있는 부분을 클릭해서 '남성' 목소리를 선택합니다.

❸ '남성 목소리로 방송합니다'를 읽어주고 기다립니다.

같은 방법으로 '아니면' 부분에 여성 목소리로 설정하는 부분을 넣거나, 남성 부분의 블록을 복사해서 해당 부분만 수정합니다.

3 속도 설정하기

속도는 질문을 하고 대답을 기다리는 방법으로 설정할 수 있도록 만들어 보겠습니다.

'자료' 블록 꾸러미의 [을(를) 묻고 대답 기다리기] 블록을 사용해서, '어떤 속도로 설정할까요? 1이 느린 속도, 3이 빠른 속도입니다.' 라는 질문을 하고 대답을 기다립니다.

대답이 1, 2, 3 인 경우 각각 목소리를 느린, 보통, 빠른 속도로 설정합니다.

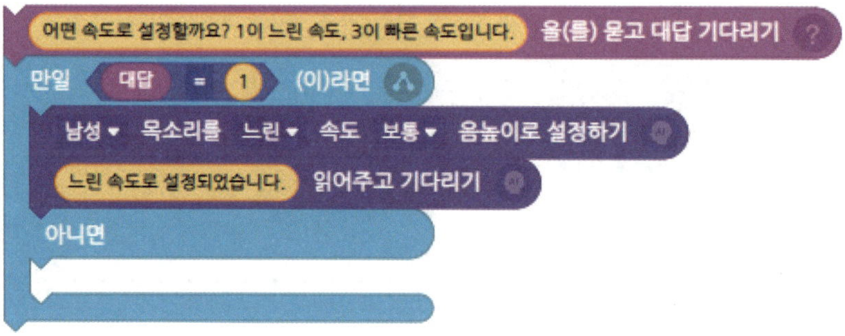

어떤 속도로 설정할까요? 1이 느린 속도, 3이 빠른 속도입니다. 을(를) 묻고 대답 기다리기
만일 대답 = 1 (이)라면
남성 ▾ 목소리를 느린 ▾ 속도 보통 ▾ 음높이로 설정하기
느린 속도로 설정되었습니다. 읽어주고 기다리기
아니면

❶ 질문을 하고 대답 기다리기 기능을 사용해 직접 대답을 입력하도록 합니다.

❷ [대답] = 1이라면 남성 목소리, 느린 속도, 보통 음높이로 설정합니다.

❸ '아니면' 부분에서 보통, 빠른 부분도 만들어 줍니다.

같은 방법으로, 보통 속도와 빠른 속도로 설정해 봅시다.

4 목소리 설정 완료하기

목소리 설정을 완료하기 위해서, 세 가지의 단계를 거치도록 만들어 보겠습니다.

우선, [시작하기 버튼을 클릭했을 때] 시작하기 버튼을 눌렀을 때 기본 목소리를 설정합니다. 그리고 '현재 백신봇의 기본 목소리입니다. 스페이스 키를 눌러 목소리를 설정하세요.' 메시지를 읽어 줍니다.

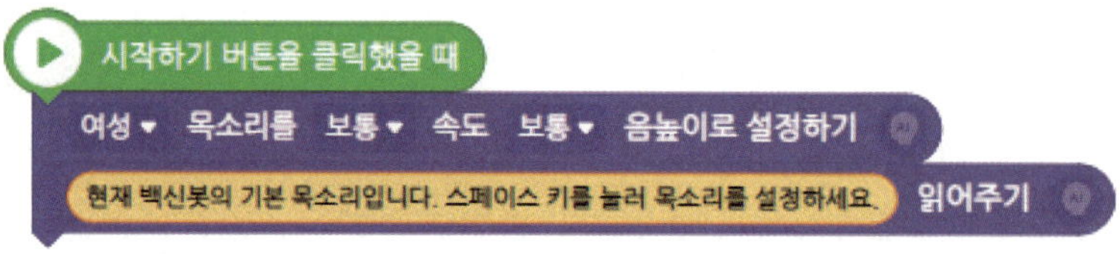

시작하기 버튼을 클릭했을 때
여성 ▾ 목소리를 보통 ▾ 속도 보통 ▾ 음높이로 설정하기
현재 백신봇의 기본 목소리입니다. 스페이스 키를 눌러 목소리를 설정하세요. 읽어주기

다음으로 스페이스 키를 눌렀을 때 남성과 여성의 목소리를 음성 인식으로 선택할 수 있도록 합니다.

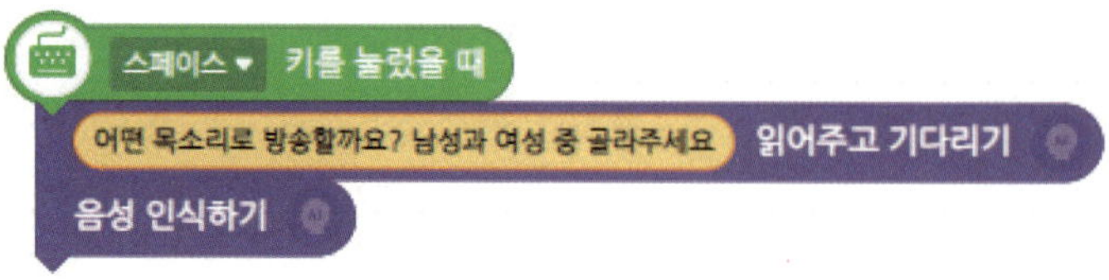

스페이스 ▾ 키를 눌렀을 때
어떤 목소리로 방송할까요? 남성과 여성 중 골라주세요 읽어주고 기다리기
음성 인식하기

설정이 완료되면, '목소리 설정이 완료되었습니다. 방송을 시작하려면 엔터 키를 눌러주세요' 메시지를 마지막에 넣어 줍니다.

목소리 설정이 완료되었습니다. 방송을 시작하려면 엔터 키를 눌러주세요. 읽어주기

5 방송 시작하기

마지막으로 엔터 키를 눌렀을 때 메시지 '컴퓨터실에 있는 학생들은 컴퓨터를 켜지 말고 교실로 돌아가기 바랍니다.' 가 설정된 목소리로 방송되도록 해야 합니다.

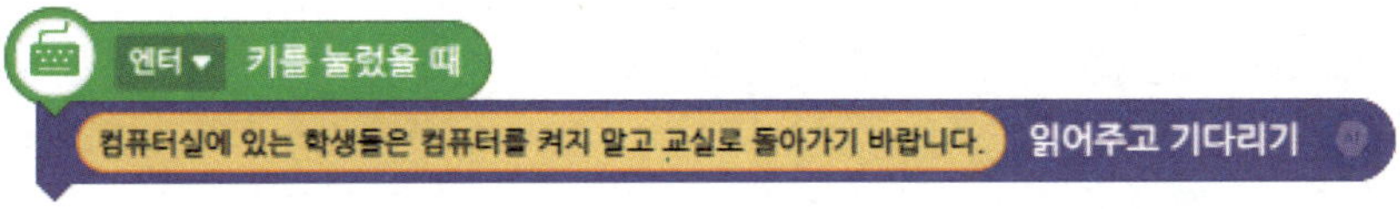
엔터 키를 눌렀을 때
컴퓨터실에 있는 학생들은 컴퓨터를 켜지 말고 교실로 돌아가기 바랍니다. 읽어주고 기다리기

이렇게 목소리와 속도를 설정해서 방송을 하는 백신봇을 만들어 보았습니다. 추가로 음높이를 설정하는 방법에 대해 생각해 봅시다.

전체 블록

백신봇

시작하기 버튼을 클릭했을 때

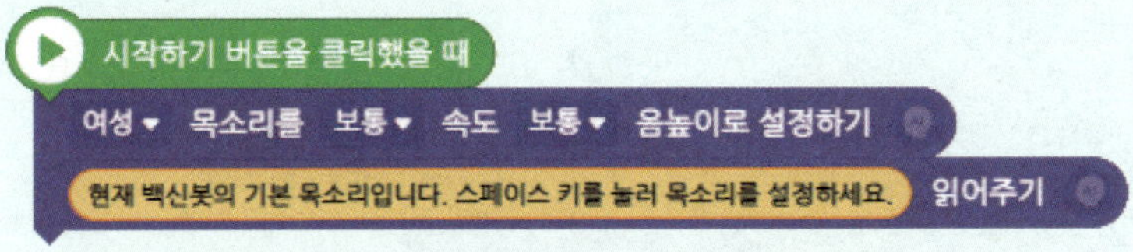
시작하기 버튼을 클릭했을 때
여성 목소리를 보통 속도 보통 음높이로 설정하기
현재 백신봇의 기본 목소리입니다. 스페이스 키를 눌러 목소리를 설정하세요. 읽어주기

스페이스 키를 눌렀을 때

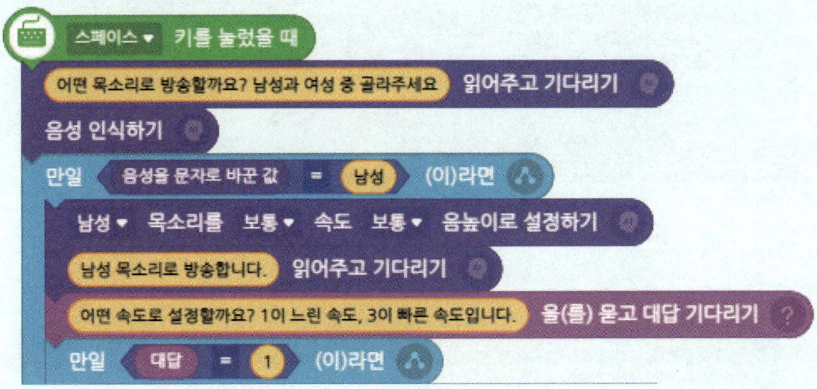
스페이스 키를 눌렀을 때
어떤 목소리로 방송할까요? 남성과 여성 중 골라주세요 읽어주고 기다리기
음성 인식하기
만일 음성을 문자로 바꾼 값 = 남성 (이)라면
남성 목소리를 보통 속도 보통 음높이로 설정하기
남성 목소리로 방송합니다. 읽어주고 기다리기
어떤 속도로 설정할까요? 1이 느린 속도, 3이 빠른 속도입니다. 을(를) 묻고 대답 기다리기
만일 대답 = 1 (이)라면

```
      남성 ▾ 목소리를 느린 ▾ 속도 보통 ▾ 음높이로 설정하기
      (느린 속도로 설정되었습니다.) 읽어주고 기다리기
    아니면
      만일 <(대답) = (2)> (이)라면
        남성 ▾ 목소리를 보통 ▾ 속도 보통 ▾ 음높이로 설정하기
        (보통 속도로 설정되었습니다.) 읽어주고 기다리기
      아니면
        남성 ▾ 목소리를 빠른 ▾ 속도 보통 ▾ 음높이로 설정하기
        (빠른 속도로 설정되었습니다.) 읽어주고 기다리기
아니면
  여성 ▾ 목소리를 보통 ▾ 속도 보통 ▾ 음높이로 설정하기
  (여성 목소리로 방송합니다.) 읽어주기
  (어떤 속도로 설정할까요? 1이 느린 속도, 3이 빠른 속도입니다.) 을(를) 묻고 대답 기다리기
  만일 <(대답) = (1)> (이)라면
    여성 ▾ 목소리를 느린 ▾ 속도 보통 ▾ 음높이로 설정하기
    (느린 속도로 설정되었습니다.) 읽어주고 기다리기
  아니면
    만일 <(대답) = (2)> (이)라면
      여성 ▾ 목소리를 보통 ▾ 속도 보통 ▾ 음높이로 설정하기
      (보통 속도로 설정되었습니다.) 읽어주고 기다리기
    아니면
      여성 ▾ 목소리를 빠른 ▾ 속도 보통 ▾ 음높이로 설정하기
      (빠른 속도로 설정되었습니다.) 읽어주고 기다리기
(목소리 설정이 완료되었습니다. 방송을 시작하려면 엔터 키를 눌러주세요.) 읽어주기
```

엔터 키를 눌렀을 때

```
엔터 ▾ 키를 눌렀을 때
  (컴퓨터실에 있는 학생들은 컴퓨터를 켜지 말고 교실로 돌아가기 바랍니다.) 읽어주고 기다리기
```

실행화면

챌린지 A1

목소리와 성별을 실행 화면에서 확인할 수 있도록 해 봅시다.

힌트 속성 탭의 변수를 활용하면 가능합니다.

Quest 7

Quest 7 모두 함께 방어해요!

바이러스의 전파를 막기 위해 학교 전체에 컴퓨터를 켜지 말라는 내용의 방송을 성공적으로 완료했다. 하지만 우리말 방송을 하면 잘 알아듣지 못하는 영어교실 원어민 선생님이 계시는데, 영어교실은 너무 멀어서 갈 수가 없다. 백신봇 도와줘!

됐어! 이제 컴퓨터실은 안전해!
여보세요? 여보세요?
띠롱 띠롱
!
!
슝
뭐야? 바이러스인가? 영어로 말해? 영어 인가?
?
?
??
원어민 선생님이?
아, 방송을 듣고 무슨 일인지 몰라서 전화하신 것 같다.

우리말 방송을 하면 잘 알아듣지 못하시는 분들이 학교에 계십니다. 이 분들을 위해 다양한 언어로 번역하는 기능을 백신봇에 탑재해 봅시다.

이번 퀘스트에서는 인공지능 블록 중 번역 기능을 가진 블록을 활용해 보겠습니다.

키워드

번역 기능

엔트리의 기본적인 번역 기능은 영어, 일본어, 중국어, 스페인어, 프랑스어, 독일어, 러시아어, 포르투갈어, 태국어, 베트남어, 인도네시아어가 있으며 앞으로 계속 추가될 예정입니다.

1 나라별 오브젝트 추가하기

오브젝트 추가하기(+) 버튼을 눌러서 각 나라를 상징하는 오브젝트를 추가합니다.

건물 탭에서 자유의여신상(미국), 에펠탑(프랑스), 중국건물(1)(중국)을 선택한 후 추가 버튼을 누릅니다.

2 번역할 언어 인식하기

시작하기 버튼을 클릭했을 때, 어떤 언어로 번역할지 음성 인식을 통해 설정하도록 만들어 봅시다.

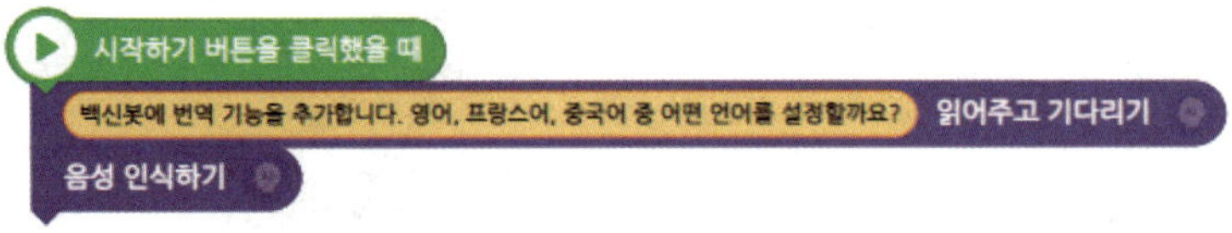
시작하기 버튼을 클릭했을 때
백신봇에 번역 기능을 추가합니다. 영어, 프랑스어, 중국어 중 어떤 언어를 설정할까요? 읽어주고 기다리기
음성 인식하기

다양한 언어를 추가하려면, 오브젝트를 개수만큼 더 추가해 봅시다.

영어, 프랑스어, 중국어의 신호를 각각 추가해 줍니다. 인식한 내용을 확인하고, '언어가 해당 언어로 설정되었습니다.'를 읽어 준 후 '시작' 블록 꾸러미에 있는 영어▾ 신호 보내기 블록을 사용하여 신호를 보내 줍니다.

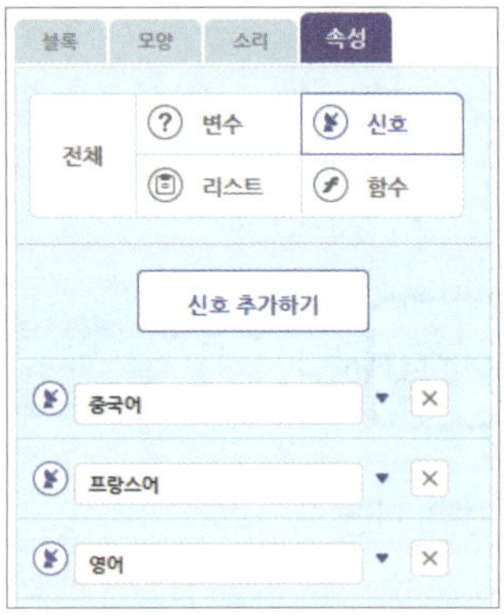
블록
모양
소리
속성
전체
변수
신호
리스트
함수
신호 추가하기
중국어
프랑스어
영어

다른 나라의 언어들도 같은 방법으로 추가합니다.

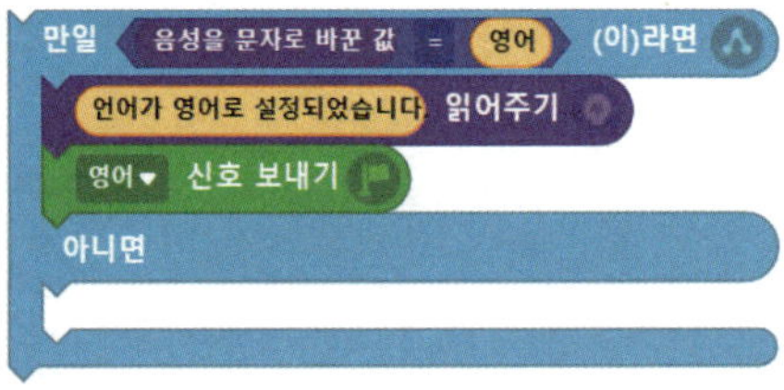
만일 음성을 문자로 바꾼 값 = 영어 (이)라면
언어가 영어로 설정되었습니다 읽어주기
영어▾ 신호 보내기
아니면

3 언어별로 방송할 내용 입력하기

각 언어 오브젝트는 신호를 받았을 때 영어▾ 신호를 받았을 때 블록을 활용해 시작하도록 설정합니다. '자료' 블록 꾸러미에서 을(를) 묻고 대답 기다리기 블록을 가져와서 '영어로 번역해 방송할 문장을 입력해 주세요.'를 묻고 대답을 기다립니다.

'인공지능' 블록 꾸러미에서 한국어 대답 을 해당 언어로 번역할 수 있도록 블록을 합쳐 줍니다.
한국어▾ 대답 을(를) 영어▾ 로 번역하기 블록을 '읽어주고 기다리기' 블록과 합치면 입력한 내용을 방송할 수 있게 됩니다.

영어와 같은 방법으로 각 오브젝트에서 언어를 설정해 줍니다.

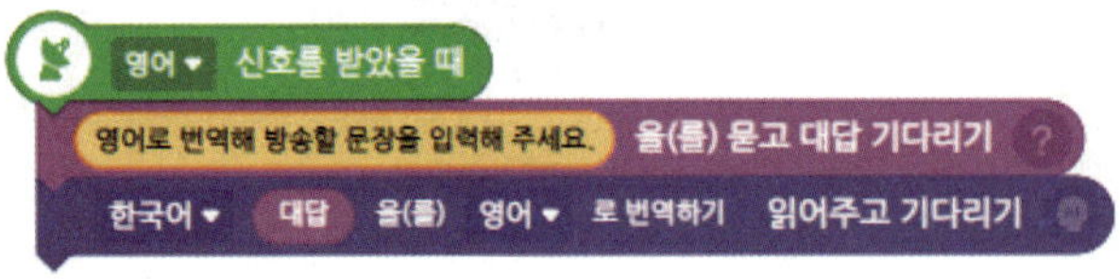
영어▾ 신호를 받았을 때
영어로 번역해 방송할 문장을 입력해 주세요. 을(를) 묻고 대답 기다리기
한국어▾ 대답 을(를) 영어▾ 로 번역하기 읽어주고 기다리기

전체 블록

백신봇에서 언어 설정하기

```
시작하기 버튼을 클릭했을 때
백신봇에 번역 기능을 추가합니다. 영어, 프랑스어, 중국어 중 어떤 언어를 설정할까요? 읽어주고 기다리기
음성 인식하기
만일 <음성을 문자로 바꾼 값 = 영어> (이)라면
    언어가 영어로 설정되었습니다. 읽어주기
    영어 ▾ 신호 보내기
아니면
    만일 <음성을 문자로 바꾼 값 = 프랑스어> (이)라면
        언어가 프랑스어로 설정되었습니다. 읽어주기
        프랑스어 ▾ 신호 보내기
    아니면
        만일 <음성을 문자로 바꾼 값 = 중국어> (이)라면
            언어가 중국어로 설정되었습니다. 읽어주기
            중국어 ▾ 신호 보내기
        아니면
            다시 시도해 주세요. 읽어주기
```

각 언어별로 번역 블록 사용해서 번역하기

```
영어 ▾ 신호를 받았을 때
영어로 번역해 방송할 문장을 입력해 주세요. 을(를) 묻고 대답 기다리기
한국어 ▾ 대답 을(를) 영어 ▾ 로 번역하기 읽어주고 기다리기
```

```
중국어 ▾ 신호를 받았을 때
중국어로 번역해 방송할 문장을 입력해 주세요. 을(를) 묻고 대답 기다리기
한국어 ▾ 대답 을(를) 중국어간체 ▾ 로 번역하기 읽어주고 기다리기
```

```
프랑스어 ▾ 신호를 받았을 때
프랑스어로 번역해 방송할 문장을 입력해 주세요. 을(를) 묻고 대답 기다리기
한국어 ▾ 대답 을(를) 프랑스어 ▾ 로 번역하기 읽어주고 기다리기
```

실행화면

X : 57.1, Y : 121.3
영어로 번역해 방송할 문장을
입력해 주세요.
0

챌린지 A1

다른 나라의 언어를 인식하고 한국어나 또 다른 나라의 언어로 번역해서 방송해 봅시다.

힌트 '인공지능' 블록 꾸러미의 번역 블록 중, 사용하지 않았던 블록 사용하기

Quest 8

Quest 8 백신을 만들어요!(1)

바이러스가 침투하기 전에 학교의 모든 컴퓨터를 종료한 제이와 친구들, 하지만 컴퓨터를 사용하지 못하면 여러 가지 문제가 생긴다. 최대한 빨리 컴퓨터를 다시 사용할 수 있도록 만들어야 하는데, 그러기 위해서는 백신봇이 학교 전체에 백신을 설치해야 한다. 제이와 친구들은 안전한 백신을 만들어서 바이러스가 침투하지 못하도록 방법을 생각해 본다.

Good!
아주 좋아~
이제 학교에 있는 모든 컴퓨터는 전원이 꺼졌어. 바이러스가 침입하지 못 할 거야!
탁 탁
이제 AI 백신봇이 학교를 돌아다니면서 바이러스가 들어오지 못하게 백신을 설치하면 되겠네!
백신
쌩
쌩-
좋아! 그런데 바이러스가 들어오지 못하게 하려면 어떻게 해야 하지?
교수님께 물어보자!!
클릭
교수님! 어, 왜 이렇게 늦게 들어오시지?
((연결중))
응답없음
휴대폰의 얼굴 인식이 잠깐 말을 안 듣는 바람에 접속이 늦었구나 하하…
백신봇이 학교에 있는 컴퓨터에 얼굴을 인식해야 동작할 수 있도록 백신 프로그램을 설치하면 어떨까?
얼굴을 인식해 주세요.
얼굴을 인식해 주세요.
!!!
좋은 생각이야! 엔트리의 비디오 감지 기능은 아주 많은 것을 할 수 있단다.
그러면 백신봇을 업그레이드해서 바이러스가 절대 뚫지 못하게 만들어 봐야겠어요!
차단!
^^

제이의 친구들은 얼굴 인식 기능을 탑재한 안전한 백신을 만들어서 바이러스가 침투하지 못하도록 해야 합니다.

이번 퀘스트에서는 엔트리의 비디오 감지와 얼굴 인식 기능을 활용하여 다양한 방법으로 백신 프로그램을 만들어 보겠습니다.

바이러스 발견!
이런!
지잉!
지잉

Key 키워드

비디오 감지

1 비디오 감지 블록 살펴보기

사용할 웹캠을 컴퓨터에 연결합니다. 노트북의 경우 내장된 웹캠을 사용할 수도 있습니다.

인공지능 카테고리에서 [인공지능 블록 불러오기] 인버튼을 눌러 비디오 감지 블록을 불러옵니다. 웹에서 엔트리를 사용하고 있는 경우, 엔트리에서 마이크와 카메라를 사용할 수 있도록 허용해 줘야 할 수 있습니다.

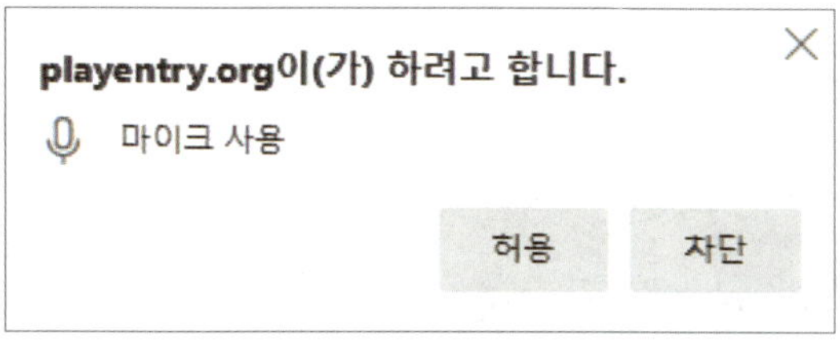
playentry.org이(가) 하려고 합니다.
마이크 사용
허용
차단

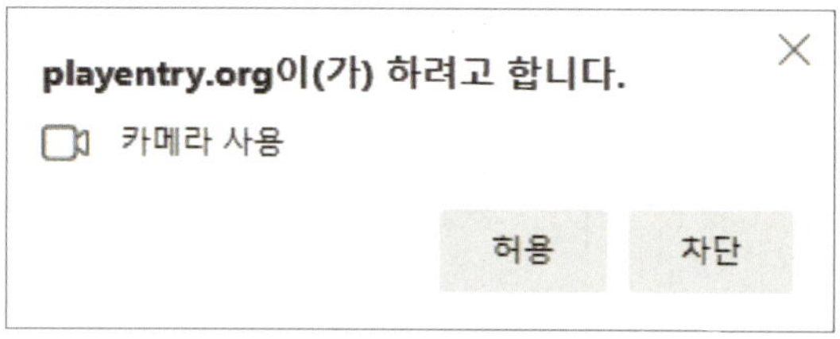
playentry.org이(가) 하려고 합니다.
카메라 사용
허용
차단

비디오 감지 블록이 로딩되면서 
비디오 감지 블록을 로딩 중입니다.
최대 1분까지 걸릴 수 있어요.
메시지가 나오고, 블록이 모두 로딩되고 나면 엔트리 화면의 오른쪽 아래에 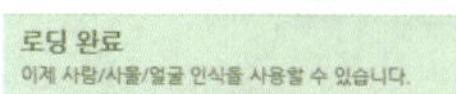
로딩 완료
이제 사람/사물/얼굴 인식을 사용할 수 있습니다.
메시지가 나옵니다.

카메라가 연결되고 나면, 엔트리 블록 [GENERAL WEBCAM (1b3f:2247) ▾ 카메라로 바꾸기] 부분에 연결된 카메라의 이름이 나타납니다.

2 비디오가 연결되었는지 확인하기

[시작하기 버튼을 클릭했을 때] 블록을 블록조립소로 가져와서 비디오가 연결되었을 때 백신봇이 말을 하도록 만들어 보겠습니다.

비디오 화면이 표시되면, 백신봇은 화면 중앙에 있을 필요가 없기 때문에 '생김새' 카테고리에서 [모양 숨기기] 블록을 사용해 숨기겠습니다.

시작하기 버튼을 클릭하면 연결된 카메라를 사용한 화면이 나오고, 백신봇의 모양이 숨겨집니다.

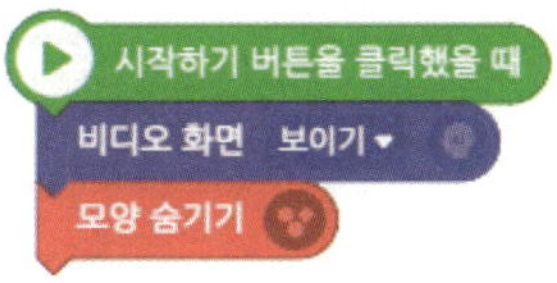
시작하기 버튼을 클릭했을 때
비디오 화면 보이기▾
모양 숨기기

만약, 백신봇이 말을 하는 경우에는 [모양 보이기] 블록을 사용할 수 있습니다.

스페이스 키를 눌렀을 때, 화면 위로 백신봇의 모양이 보이고 정해진 말을 한 후, 다시 백신봇의 모양이 숨겨집니다.

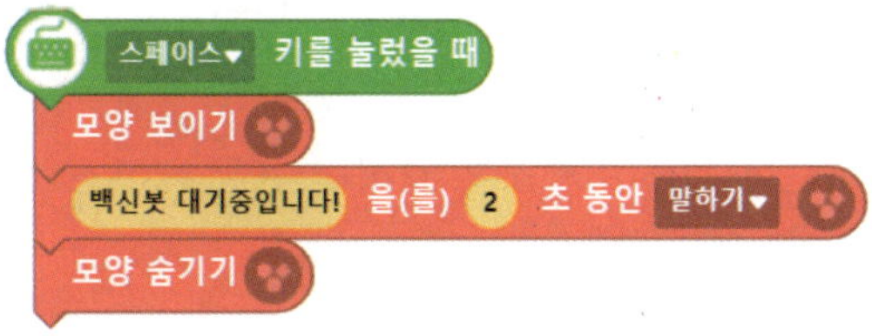
스페이스▾ 키를 눌렀을 때
모양 보이기
백신봇 대기중입니다! 을(를) 2 초 동안 말하기▾
모양 숨기기

[비디오가 연결되었는가?] 블록과 [만일 참 (이)라면 / 아니면] 블록을 사용해서 비디오가 연결되었을 때, 백신봇이 동작을 하거나 말을 하도록 만들 수도 있습니다.

3 얼굴 인식하기

인공지능 카테고리의 [얼굴▾ 인식 시작하기▾] 블록을 사용해 얼굴을 인식해 보겠습니다. 이 블록으로 사람, 얼굴, 사물을 모두 인식할 수 있습니다.

[얼굴▾ 인식이 되었는가?] 블록을 사용해서, 얼굴 인식이 완료된 경우에만 백신봇이 암호를 말해주도록 만들 수 있습니다.

친구들과 함께 얼굴을 인식하는 경우, [인식된 얼굴▾ 의 수] 블록을 사용해서, 몇 명의 얼굴이 인식되었는지 확인할 수 있습니다.

백신봇이 몇 명의 얼굴이 인식되었는지 말하도록 만들어 보겠습니다.

얼굴 인식을 한 후, 백신봇이 나타나서 몇 명의 얼굴이 인식되었는지 말합니다.

시작하기 버튼을 클릭했을 때
비디오 화면 보이기▾
얼굴▾ 인식 시작하기▾
모양 보이기
인식된 얼굴▾ 의 수 을(를) 1 초 동안 말하기▾

4 얼굴 감지 프로그램 만들기

사람의 얼굴이 감지되었을 때 백신봇이 나타나서 암호를 알려주는 백신 프로그램의 보안 기능을 만들어 보겠습니다.

시작하기 버튼을 클릭했을 때, 비디오 화면이 보이고 백신봇이 얼굴을 보여 주고 스페이스 키를 누르라고 말하도록 합니다.

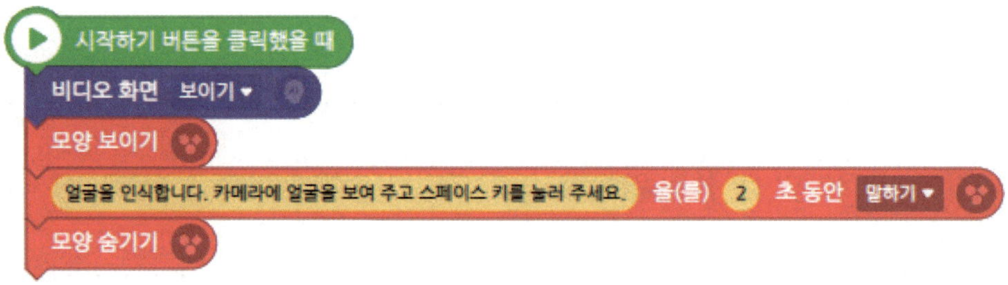
시작하기 버튼을 클릭했을 때
비디오 화면 보이기▾
모양 보이기
얼굴을 인식합니다. 카메라에 얼굴을 보여 주고 스페이스 키를 눌러 주세요. 을(를) 2 초 동안 말하기▾
모양 숨기기

백신봇의 모양을 숨긴 후, 스페이스 키를 누르면 얼굴을 인식하도록 합니다. 얼굴 인식이 되지 않은 경우 다시 시도하라는 메시지를 띄웁니다.

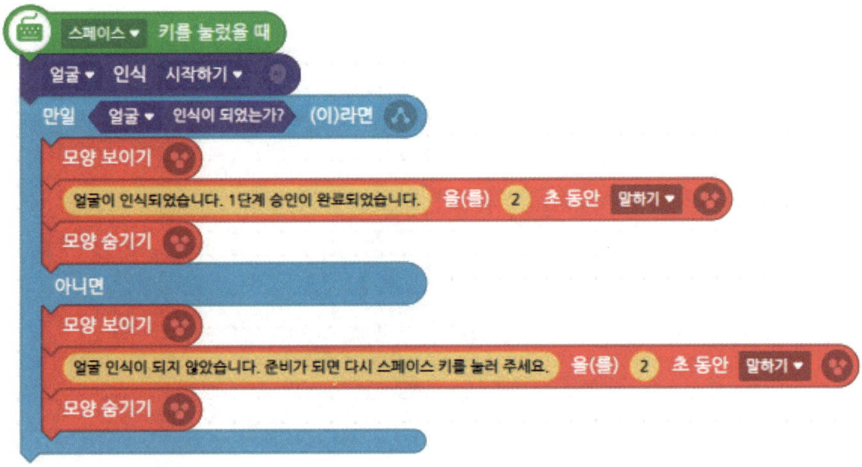
스페이스 키를 눌렀을 때
얼굴 인식 시작하기
만일 얼굴 인식이 되었는가? (이)라면
모양 보이기
얼굴이 인식되었습니다. 1단계 승인이 완료되었습니다. 을(를) 2 초 동안 말하기
모양 숨기기
아니면
모양 보이기
얼굴 인식이 되지 않았습니다. 준비가 되면 다시 스페이스 키를 눌러 주세요. 을(를) 2 초 동안 말하기
모양 숨기기

전체 블록

백신봇

얼굴 감지 프로그램 만들기(1)

시작하기 버튼을 클릭했을 때
비디오 화면 보이기
모양 보이기
얼굴을 인식합니다. 카메라에 얼굴을 보여 주고 스페이스 키를 눌러 주세요. 을(를) 2 초 동안 말하기
모양 숨기기

얼굴 감지 프로그램 만들기(2)

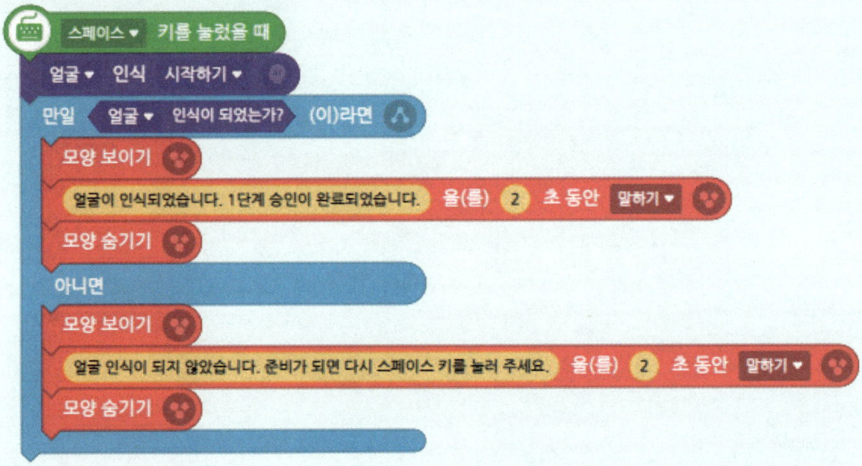
스페이스 키를 눌렀을 때
얼굴 인식 시작하기
만일 얼굴 인식이 되었는가? (이)라면
모양 보이기
얼굴이 인식되었습니다. 1단계 승인이 완료되었습니다. 을(를) 2 초 동안 말하기
모양 숨기기
아니면
모양 보이기
얼굴 인식이 되지 않았습니다. 준비가 되면 다시 스페이스 키를 눌러 주세요. 을(를) 2 초 동안 말하기
모양 숨기기

실행화면

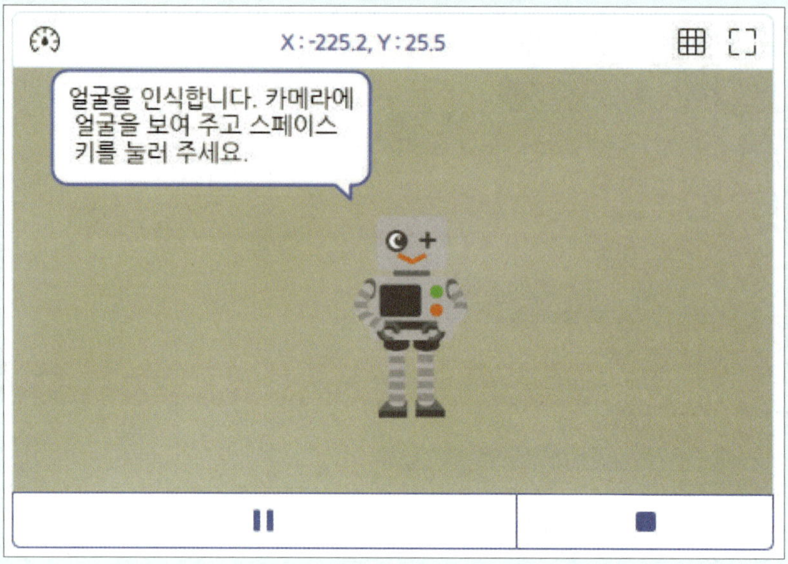
X : -225.2, Y : 25.5
얼굴을 인식합니다. 카메라에 얼굴을 보여 주고 스페이스 키를 눌러 주세요.

Quest 9

백신을 만들어요!(2)

백신봇은 얼굴을 인식해서 사람과 바이러스를 구분할 수 있도록 업그레이드 되었습니다. 하지만 제이와 친구들은 좀 더 강한 보안이 필요하다고 생각합니다.

이번 퀘스트에서는 엔트리의 비디오 감지 기능을 좀 더 알아보고, 다양한 기능을 활용해 더욱 강력한 백신을 만들어 보겠습니다.

키워드

비디오 감지

1 오브젝트 블록 가져오기

얼굴 인식으로 움직일 열쇠와 자물쇠 오브젝트를 추가합니다.

오브젝트 선택 버튼을 눌러서 '인터페이스' 탭의 [커서3] 과 [자물쇠]를 추가하고, [커서3] 의 이름을 [열쇠] 로 바꾸어 줍니다.
백신봇까지 모두 3개의 오브젝트를 사용합니다.

속성 탭에서 '열쇠 동작' 신호를 추가해 줍니다.

블록
모양
소리
속성
전체
변수
신호
리스트
함수
신호 추가하기
신호의 이름을 입력해주세요.
취소
확인
열쇠 동작

② 백신봇 프로그램 만들기

백신봇을 선택 후, 얼굴 인식을 준비합니다.

시작하기 버튼을 클릭했을 때
모양 보이기
암호 해제를 시작하려면 스페이스 키를 눌러주세요! 을(를) 2 초 동안 말하기

시작하기 버튼을 클릭했을 때 블록을 가져와서, 생김새 카테고리에 있는 [모양 보이기]와 [말하기] 블록을 이어 붙입니다. '암호 해제를 시작하려면 스페이스 키를 눌러주세요!' 라고 백신봇이 말하도록 합니다.

스페이스 키를 누르면 백신봇이 신호를 보내고, 열쇠와 자물쇠에게 신호를 보내 동작하도록 합니다.

스페이스 키를 눌렀을 때 백신봇은 숨겨져 있던 열쇠와 자물쇠의 모양이 나타나도록 신호를 보냅니다. 신호가 가고 백신봇의 모습은 잠깐 숨겨집니다.

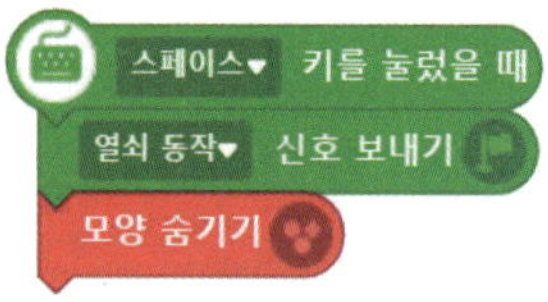
스페이스 키를 눌렀을 때
열쇠 동작 신호 보내기
모양 숨기기

③ 열쇠 만들기

열쇠 오브젝트를 선택 후, 시작하기 버튼을 눌렀을 때 모양을 숨깁니다.

시작하기 버튼을 눌렀을 때에는, 백신봇에게 암호 해제 신호를 보내기 전이므로 열쇠는 숨겨져 있어야 합니다.

시작하기 버튼을 클릭했을 때
모양 숨기기

백신봇이 보낸 열쇠 동작 신호를 받았을 때, 얼굴 인식을 합니다.

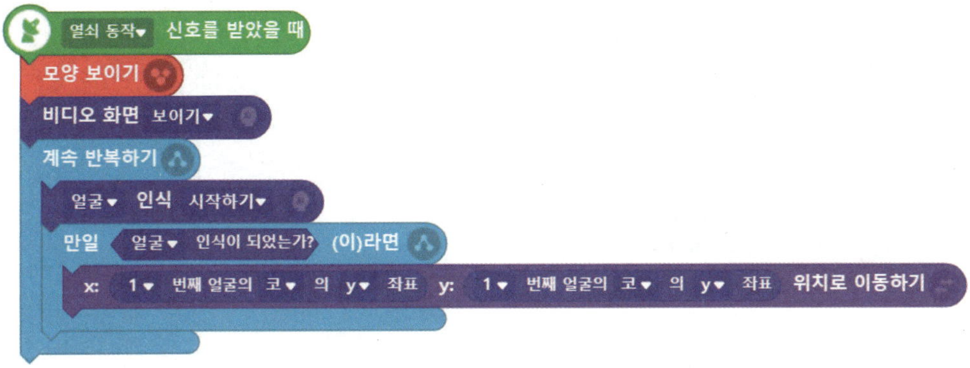

열쇠 동작▾ 신호를 받았을 때
모양 보이기
비디오 화면 보이기▾
계속 반복하기
얼굴▾ 인식 시작하기▾
만일 얼굴▾ 인식이 되었는가? (이)라면
x: 1▾ 번째 얼굴의 코▾ 의 y▾ 좌표 y: 1▾ 번째 얼굴의 코▾ 의 y▾ 좌표 위치로 이동하기

얼굴 인식을 계속 반복해서, 열쇠의 x 좌표와 y 좌표가 인식된 얼굴의 코의 x, y 좌표로 이동하도록 합니다.

④ 자물쇠 만들기

자물쇠 오브젝트를 선택 후, 시작하기 버튼을 눌렀을 때 설정을 합니다.

모양을 숨긴 후, 자물쇠의 크기와 위치를 설정해 줍니다.

시작하기 버튼을 클릭했을 때
모양 숨기기
x: 75 y: 75 위치로 이동하기
크기를 100 (으)로 정하기

열쇠 동작 신호를 받았을 때 할 수 있는 반응을 나타냅니다.

열쇠 동작▾ 신호를 받았을 때
모양 보이기
열쇠▾ 에 닿았는가? 이(가) 될 때까지 기다리기
자물쇠_열림▾ 모양으로 바꾸기
암호가 해제되었습니다. 을(를) 2 초 동안 말하기▾

자물쇠가 열쇠와 닿았을 때 열린 모양으로 바꾸고, 암호가 해제되었다는 말을 해 줍니다.

전체 블록

백신봇 블록

```
시작하기 버튼을 클릭했을 때
모양 보이기
암호 해제를 시작하려면 스페이스 키를 눌러주세요! 을(를) 2 초 동안 말하기▾
```

```
스페이스▾ 키를 눌렀을 때
열쇠 동작▾ 신호 보내기
모양 숨기기
```

열쇠 블록

```
시작하기 버튼을 클릭했을 때
모양 숨기기
```

```
열쇠 동작▾ 신호를 받았을 때
모양 보이기
비디오 화면 보이기▾
계속 반복하기
    얼굴▾ 인식 시작하기▾
    만일 얼굴▾ 인식이 되었는가? (이)라면
        x: 1▾ 번째 얼굴의 코▾ 의 y▾ 좌표 y: 1▾ 번째 얼굴의 코▾ 의 y▾ 좌표 위치로 이동하기
```

자물쇠 블록

```
시작하기 버튼을 클릭했을 때
모양 숨기기
x: 75 y: 75 위치로 이동하기
크기를 100 (으)로 정하기
```

```
열쇠 동작▾ 신호를 받았을 때
모양 보이기
열쇠▾ 에 닿았는가? 이(가) 될 때까지 기다리기
자물쇠_열림▾ 모양으로 바꾸기
암호가 해제되었습니다. 을(를) 2 초 동안 말하기▾
```

실행화면

Quest 10 철벽 방어막 만들기!(1)

비디오 인식 기능을 성공적으로 탑재하고 거의 완성된 백신봇, 이제 교수님의 마지막 힌트를 얻어서 학교에 설치할 완벽한 백신 프로그램을 설계한다.

AI 백신봇 업그레이드
슝
슝
슝-
Video
Video
Video
좋아! 이제 백신봇이 얼굴을 인식할 수 있어!
Yes!
예~
띠릭-
내 얼굴이 움직이는 방향도 감지할 수 있으니 이제 바이러스는 절대 들어올 수 없겠는데?
띠릭
응? 교수님의 메시지야!
쪽지가 도착했습니다
제이야, 조금 더 확실한 방어막을 만들기 위해서 이 암호 카드를 활용해 보렴!
이미지 파일이 도착했습니다.
우와, 이게 뭐지?
백신봇이 이 암호 카드를 보고 바이러스를 막을 수 있다는 거야?
백신봇이 암호 카드를 읽어낼 수 있다는 것 아닐까?
으쓱-
으쓱-
그래 백신봇! 너의 능력을 보여줘!

제이의 친구들은 백신봇과 함께 전교에 바이러스가 절대로 침투하지 못할 만큼 안전한 백신 프로그램을 개발하고 있습니다.

이번 퀘스트에서는 다양한 사물을 인식할 수 있는 비디오 감지 기능을 이용해 더욱 강력한 백신 프로그램을 만들어 보겠습니다.

통과!
보안카드 스캔!
지잉-
지잉-

키워드

비디오 감지

❶ 사람 인식하기

시작하기 버튼을 클릭했을 때 화면을 표시하고, 화면에 나타난 사람이 몇 명인지 인식하도록 만들어 보겠습니다.

계속 반복하기

계속 반복하기 블록을 사용해서 현재 비디오 화면에서 인식되는 사람이나 사물의 숫자를 실시간으로 말할 수 있도록 만들어 봅시다.

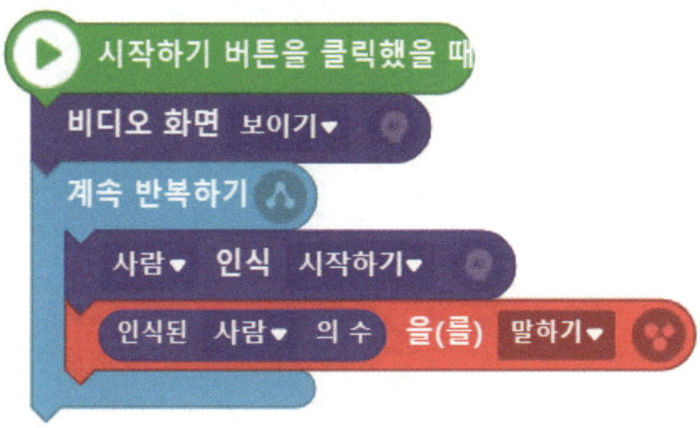
시작하기 버튼을 클릭했을 때
비디오 화면 보이기▾
계속 반복하기
사람▾ 인식 시작하기▾
인식된 사람▾ 의 수 을(를) 말하기▾

시작하기 버튼을 클릭하면

❶ 비디오 화면이 표시되고,

❷ 사람 인식을 계속 반복하도록 만들어 줍니다.

❸ 백신봇이 인식된 사람의 수를 말하도록 합니다.

❷ 사물 인식하기

사물 중 '자전거' 가 인식되었을 때, 자전거가 인식되었다고 말하는 백신봇을 만들어 보겠습니다.

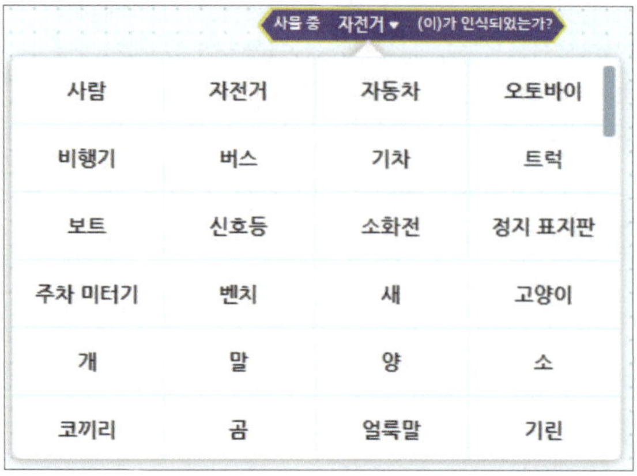

사람 인식과 다른 점은,

사물 중 자전거▾ (이)가 인식되었는가? 블록을 사용해 다양한 사물 중 인식된 사물이 어떤 것인지 선택할 수 있습니다.

다양한 인식 가능한 사람, 사물, 동물이 있으며 앞으로 계속 인식 가능한 종류가 추가될 예정입니다.

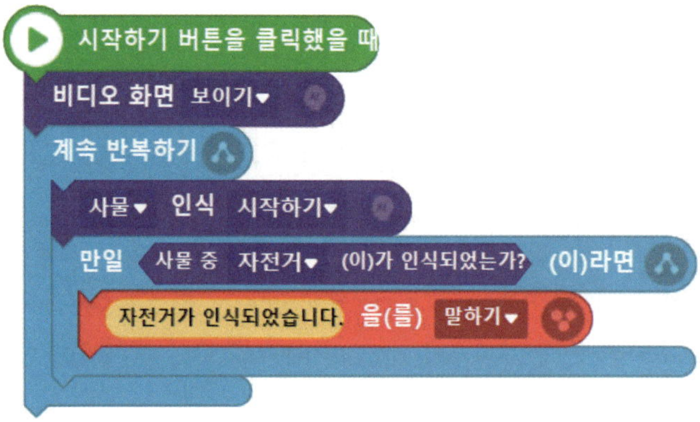

시작하기 버튼을 클릭하면,

❶ 비디오 화면이 표시되고,

❷ 사물 인식을 시작합니다.

❸ 사물 중 자전거가 인식되면

❹ 백신봇은 '자전거가 인식되었습니다.' 라고 말합니다.

❺ 인식은 계속 반복되고, 실시간으로 인식된 자전거의 수를 말하게 됩니다.

❸ 인식된 사람과 사물 활용하기

부록 카드 중, 사람 2명과 자전거, 고양이가 있는 암호 카드를 활용해 백신봇이 모두를 인식했을 때 암호가 풀리도록 만들어 봅시다.

사람, 자전거, 고양이 오브젝트를 각각 만들어서, 인식에 성공하면 오브젝트가 화면에 나타나도록 해 보겠습니다.

오브젝트 추가하기에서 사람, 고양이, 자전거 모양의 오브젝트를 하나씩 가져와서, 이름을 각각 '사람', '고양이', '자전거' 로 바꾸어 줍니다.

인식이 되면 각각의 오브젝트에게 신호를 보내기 위해, 속성 탭에서 신호를 추가합니다.

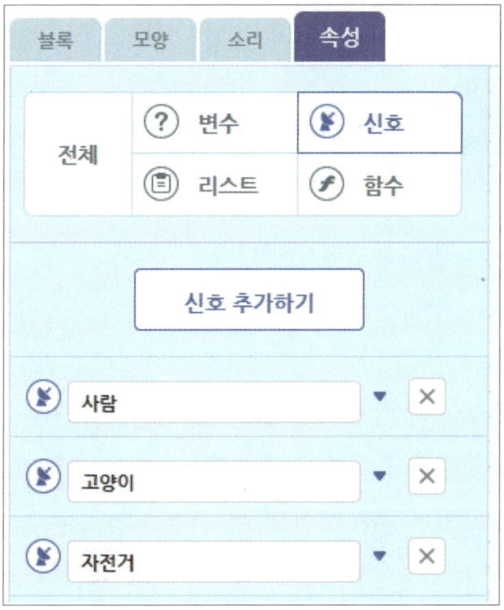

백신봇이 사물을 인식하면 각 오브젝트에 보낼 신호입니다.

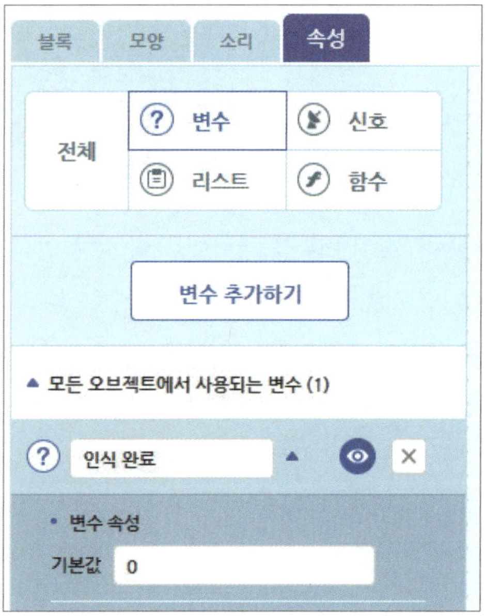

오브젝트가 신호를 받아서 모양을 보이게 되면, 변수값을 하나 올립니다.

시작하기 버튼을 클릭했을 때, 백신봇이 '암호 카드를 화면에 비추어 주세요' 라고 말하도록 하고 사람 인식과 사물 인식을 시작합니다.

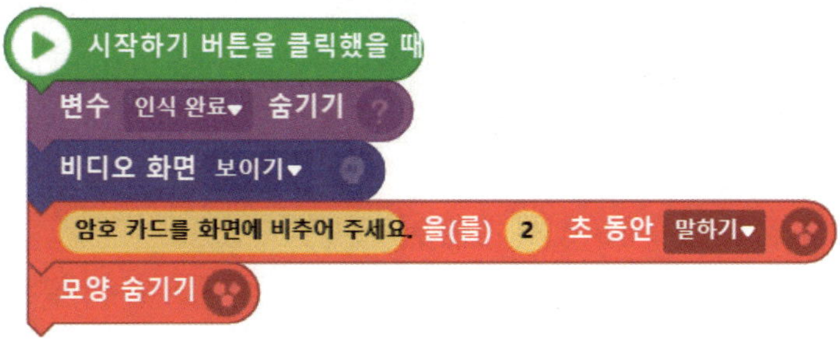

❶ 변수값은 화면에 나타나지 않도록 숨겨 줍니다.

❷ 비디오 화면을 보이도록 합니다.

❸ 백신봇이 '암호 카드를 화면에 비추어 주세요.'를 2초 동안 말하도록 합니다.

❹ 백신봇의 모양을 숨겨 줍니다.

사람 인식을 시작하고, 암호 카드에 있는 두 명의 사람이 모두 인식되었을 때 신호를 보내도록 합니다.

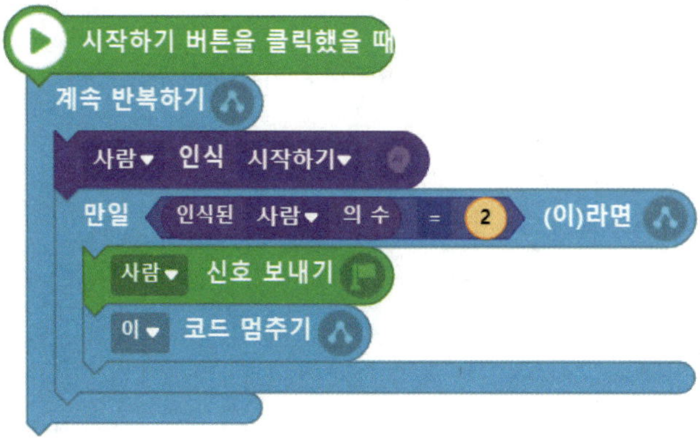
시작하기 버튼을 클릭했을 때
계속 반복하기
사람 인식 시작하기
만일 인식된 사람 의 수 = 2 (이)라면
사람 신호 보내기
이 코드 멈추기

❶ 시작하기 버튼을 클릭했을 때 사람 인식을 계속 반복하도록 만듭니다.

❷ [인식된 사람의 수 = 2]를 '판단' 카테고리에서 가져와서 [만일 ~ 라면] 블록에 넣습니다.

❸ 조건이 충족되었으면, '사람' 신호를 보냅니다.

❹ 신호를 한 번 보냈으면, 더 이상 신호를 보낼 필요가 없기 때문에 이 코드를 멈춥니다.

같은 방법으로 암호 카드에 있는 고양이와 자전거가 인식되었을 때 신호를 보내도록 만들어 줍니다.

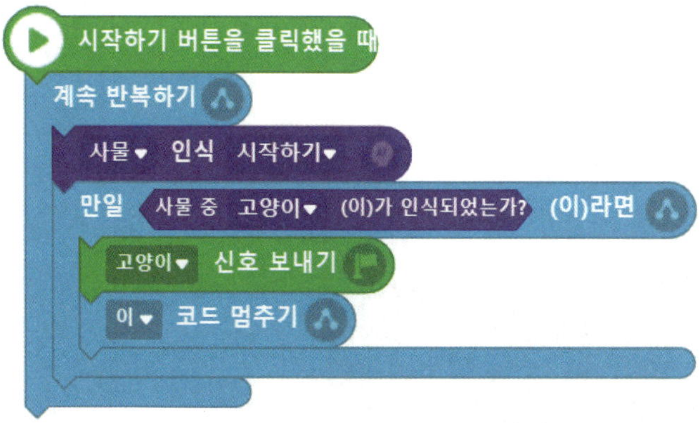
시작하기 버튼을 클릭했을 때
계속 반복하기
사물 인식 시작하기
만일 사물 중 고양이 (이)가 인식되었는가? (이)라면
고양이 신호 보내기
이 코드 멈추기

❶ 사람 인식과 동일하지만, '사물' 인식 시작하기 블록을 사용합니다.

❷ 사물 중 고양이, 자전거가 인식되었을 경우 같은 방법으로 신호를 보내 줍니다.

백신봇이 모든 암호 카드를 인식 완료했을 때, 암호 카드가 인식 완료되었다고 말하도록 만들어 줍니다.

시작하기 버튼을 클릭했을 때
계속 반복하기
만일 인식 완료 값 = 3 (이)라면
모양 보이기
암호 카드가 인식 완료되었습니다. 을(를) 30 초 동안 말하기
모든 코드 멈추기

❶ 각 오브젝트에서 변수값을 1씩 더해 줘서 최종적으로 변수값 3이 되었을 때 반응합니다.

❷ 조건이 만족되었을 때 백신봇의 모양을 보이도록 합니다.

❸ '암호 카드가 인식 완료되었습니다.'를 말합니다.

❹ 모든 코드를 멈춥니다.

각각의 오브젝트의 블록 조립소에서 모양을 숨기고, 신호를 받았을 때 모양을 보이도록 만들어 줍니다.

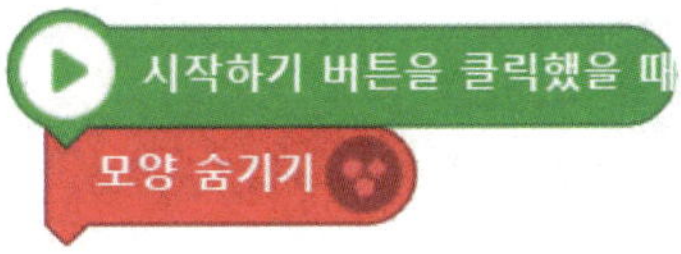
시작하기 버튼을 클릭했을 때
모양 숨기기

❶ 시작하기 버튼을 클릭했을 때, 오브젝트의 모양을 숨깁니다.

사람 신호를 받았을 때
모양 보이기
인식 완료 에 1 만큼 더하기

❶ 사람, 자전거, 고양이 신호를 받았을 때, 모양을 보이도록 합니다.

❷ '인식 완료' 변수에 1만큼 값을 추가합니다.

전체 블록

백신봇

음성 인식 준비하기

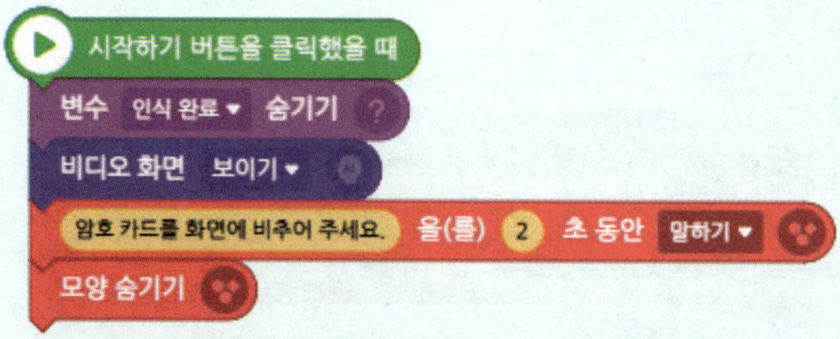
시작하기 버튼을 클릭했을 때
변수 인식 완료 숨기기
비디오 화면 보이기
암호 카드를 화면에 비추어 주세요. 을(를) 2 초 동안 말하기
모양 숨기기

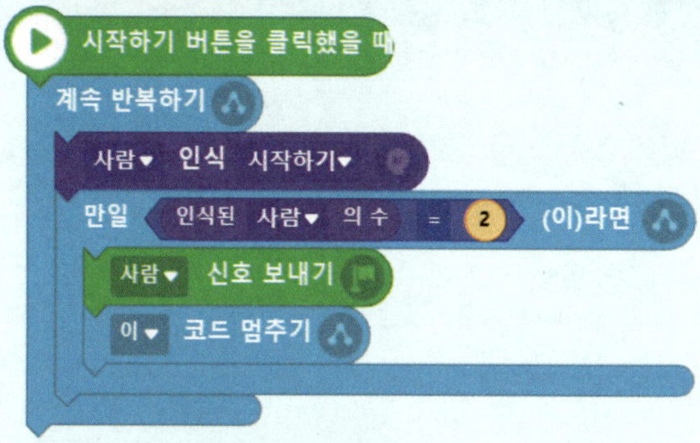
시작하기 버튼을 클릭했을 때
계속 반복하기
사람 인식 시작하기
만일 인식된 사람 의 수 = 2 (이)라면
사람 신호 보내기
이 코드 멈추기

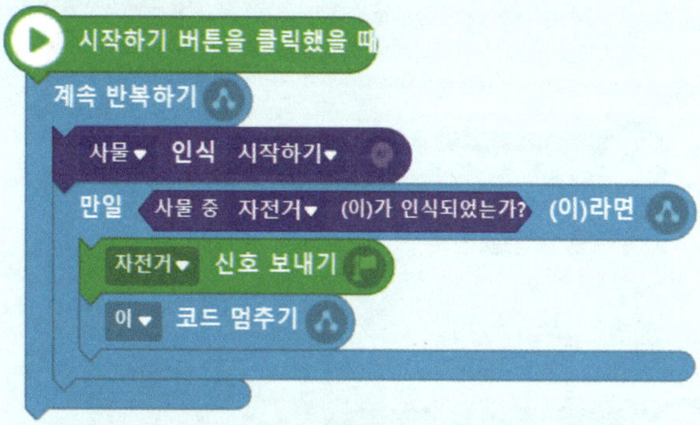
시작하기 버튼을 클릭했을 때
계속 반복하기
사물 인식 시작하기
만일 사물 중 자전거 (이)가 인식되었는가? (이)라면
자전거 신호 보내기
이 코드 멈추기

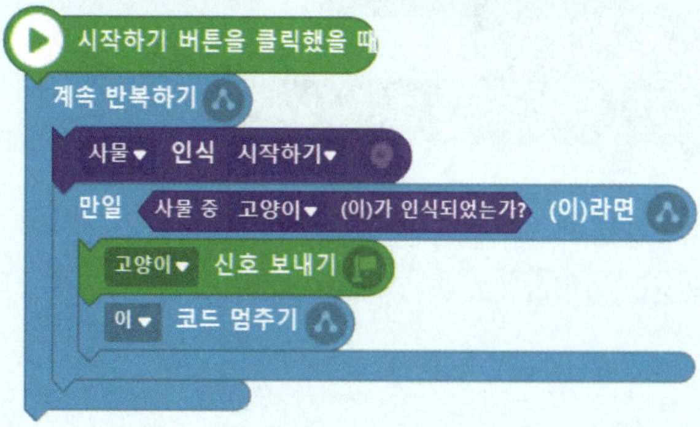
시작하기 버튼을 클릭했을 때
계속 반복하기
사물 인식 시작하기
만일 사물 중 고양이 (이)가 인식되었는가? (이)라면
고양이 신호 보내기
이 코드 멈추기

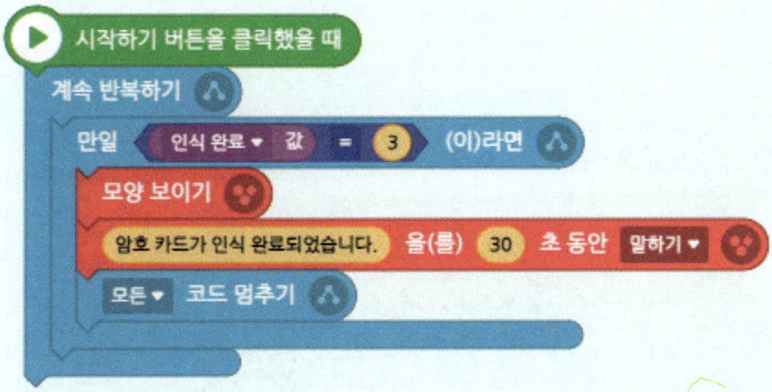
시작하기 버튼을 클릭했을 때
계속 반복하기
만일 인식 완료 값 = 3 (이)라면
모양 보이기
암호 카드가 인식 완료되었습니다. 을(를) 30 초 동안 말하기
모든 코드 멈추기

사람

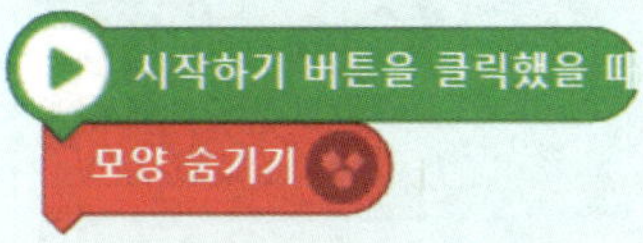
시작하기 버튼을 클릭했을 때
모양 숨기기

사람 신호를 받았을 때
모양 보이기
인식 완료 에 1 만큼 더하기

고양이

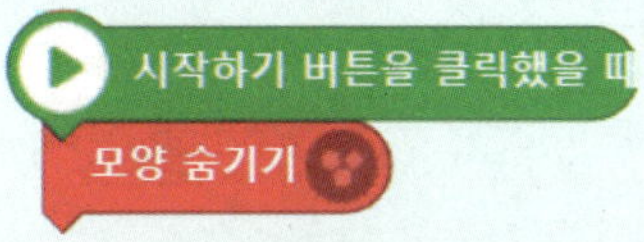
시작하기 버튼을 클릭했을 때
모양 숨기기

고양이 신호를 받았을 때
모양 보이기
인식 완료 에 1 만큼 더하기

자전거

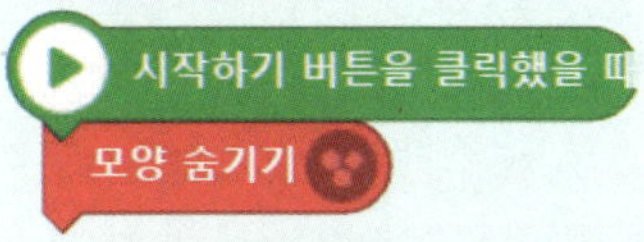
시작하기 버튼을 클릭했을 때
모양 숨기기

자전거 신호를 받았을 때
모양 보이기
인식 완료 에 1 만큼 더하기

실행화면

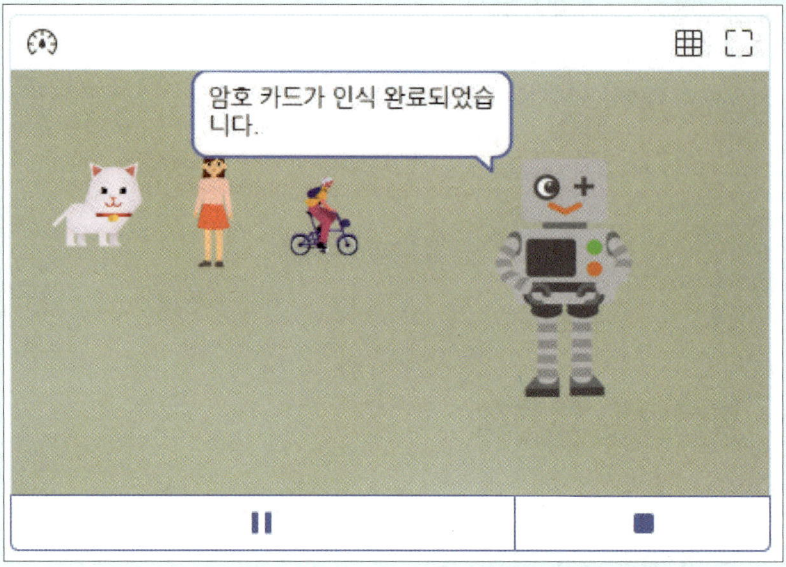
암호 카드가 인식 완료되었습니다.

※ 암호 카드는 166쪽에 있습니다.

Quest 11

Quest 11 철벽 방어막 만들기!(2)

이제 백신봇이 엔트리의 모든 AI 블록을 장착해 업그레이드되었습니다.

이번 퀘스트에서는 지금까지 탑재한 백신봇의 다양한 기능을 활용해 학교에 설치할 최종 백신 프로그램을 만들어 보겠습니다.

① 1단계 암호 만들기

첫 번째 단계에서는 백신봇이 음성 인식으로 암호를 물어 보도록 하겠습니다.
우선 이번 퀘스트에 사용할 오브젝트를 가져오고, 신호를 추가해 보겠습니다.

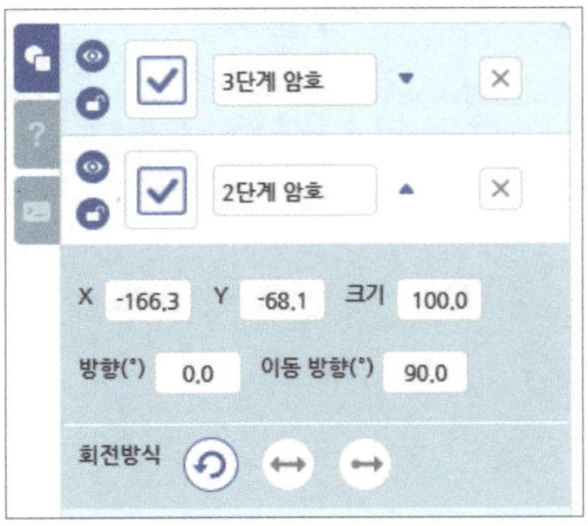

❶ '오브젝트 추가하기'를 클릭하고 '인터페이스' 의 체크박스 네모를 추가합니다.
❷ 같은 오브젝트를 한 번에 두 개 추가할 수는 없으니, 한 번 더 추가합니다.
❸ 가져온 체크박스를 실행 화면 왼쪽 아래에 배치해 줍니다.

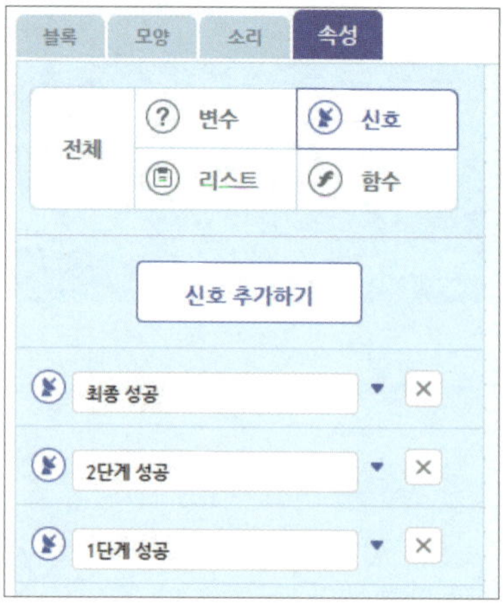
블록
모양
소리
속성
전체
변수
신호
리스트
함수
신호 추가하기
최종 성공
2단계 성공
1단계 성공

❶ 속성 탭에서 신호를 추가해 줍니다.

❷ 신호는 총 3개, 1단계 성공, 2단계 성공, 최종 성공으로 만들어 줍니다.

시작하기 버튼을 클릭했을 때 백신봇이 1단계 암호를 묻도록 합니다. 1단계에서는 암호 음성을 인식하도록 합니다.

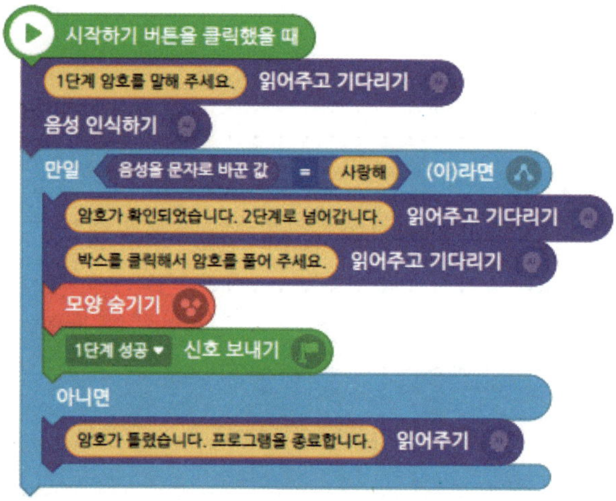
시작하기 버튼을 클릭했을 때
1단계 암호를 말해 주세요. 읽어주고 기다리기
음성 인식하기
만일 음성을 문자로 바꾼 값 = 사랑해 (이)라면
암호가 확인되었습니다. 2단계로 넘어갑니다. 읽어주고 기다리기
박스를 클릭해서 암호를 풀어 주세요. 읽어주고 기다리기
모양 숨기기
1단계 성공 신호 보내기
아니면
암호가 틀렸습니다. 프로그램을 종료합니다. 읽어주기

❶ 시작하기 버튼을 클릭했을 때 백신봇이 '인공지능' 카테고리의 [읽어주고 기다리기] 블록을 이용해 '1단계 암호를 말해 주세요.' 라고 말합니다.

❷ 음성을 인식합니다. 1단계 암호는 '사랑해' 로 설정했습니다.

❸ 인식한 음성이 암호와 같다면, '암호가 확인되었습니다. 2단계로 넘어갑니다.' 와 '박스를 클릭해서 암호를 풀어 주세요.'를 말하고 백신봇의 모양은 숨깁니다.

❹ '1단계 성공' 신호를 보냅니다.

❺ 암호가 틀렸으면 '암호가 틀렸습니다. 프로그램을 종료합니다.' 라고 말합니다.

최종 암호를 모두 풀었을 때, 백신봇이 확인하고 백신 프로그램 설치를 시작하도록 만들어 봅시다.

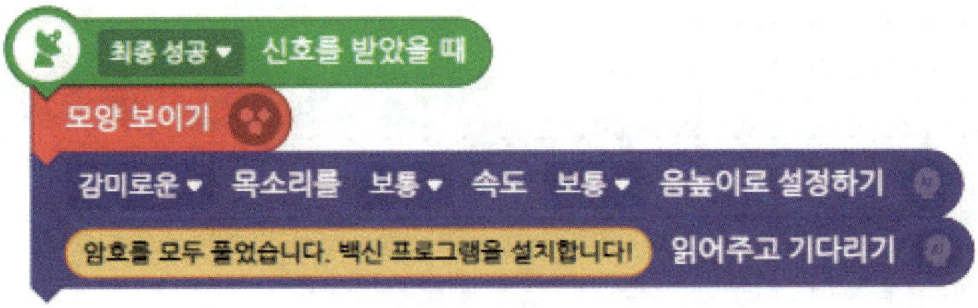
최종 성공 신호를 받았을 때
모양 보이기
감미로운 목소리를 보통 속도 보통 음높이로 설정하기
암호를 모두 풀었습니다. 백신 프로그램을 설치합니다! 읽어주고 기다리기

❶ '최종 성공' 신호를 받으면 백신봇의 모양이 다시 나타나도록 합니다.

❷ 성공을 축하하는 '감미로운' 목소리를 설정합니다.

❸ 마지막으로 '암호를 모두 풀었습니다. 백신 프로그램을 설치합니다.' 라고 말하도록 합니다.

❷ 2단계 암호 만들기

시작하기 버튼을 클릭했을 때 기본적으로 체크박스가 숨겨져 있도록 합니다.

시작하기 버튼을 클릭했을 때
대답 숨기기
체크박스 네모_해제 모양으로 바꾸기
모양 숨기기

❶ 시작하기 버튼을 클릭했을 때 '자료' 카테고리에서 [대답 숨기기] 블록을 가지고 와서 추가합니다.

❷ '생김새' 카테고리에서 [~모양으로 바꾸기] 블록을 가지고 와서 '체크박스 네모_해제' 모양으로 바꾸어 줍니다.

❸ 신호를 받기 전까지 모양을 숨깁니다.

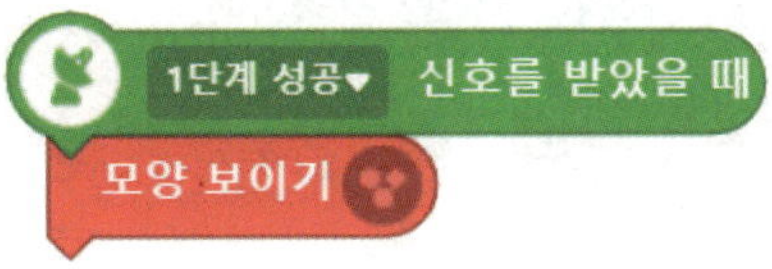
1단계 성공 신호를 받았을 때
모양 보이기

❶ 1단계 성공 신호를 받았을 때 체크박스의 모양이 보이도록 합니다.

체크박스를 클릭했을 때 번역된 암호문을 듣고 암호를 입력하도록 만듭니다.

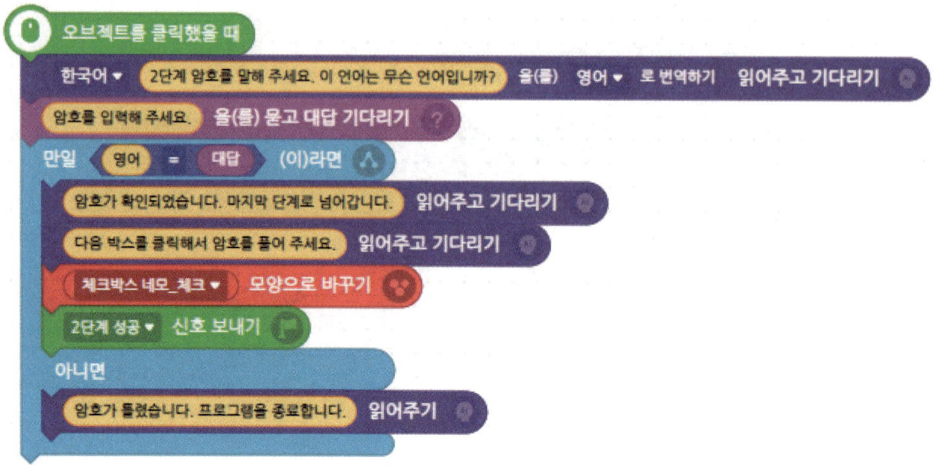
오브젝트를 클릭했을 때
한국어 2단계 암호를 말해 주세요. 이 언어는 무슨 언어입니까? 을(를) 영어 로 번역하기 읽어주고 기다리기
암호를 입력해 주세요. 을(를) 묻고 대답 기다리기
만일 영어 = 대답 (이)라면
암호가 확인되었습니다. 마지막 단계로 넘어갑니다. 읽어주고 기다리기
다음 박스를 클릭해서 암호를 풀어 주세요. 읽어주고 기다리기
체크박스 네모_체크 모양으로 바꾸기
2단계 성공 신호 보내기
아니면
암호가 틀렸습니다. 프로그램을 종료합니다. 읽어주기

❶ 오브젝트를 클릭했을 때 두 번째 암호를 말하도록 합니다. 암호는 '2단계 암호를 말해 주세요. 이 언어는 무슨 언어입니까?' 로 제시합니다. 인공지능 카테고리의 번역 기능을 사용해서 영어로 번역하도록 합니다.

❷ '자료' 카테고리의 [묻고 대답 기다리기] 블록을 가지고 와서, 대답을 직접 입력할 수 있도록 합니다.

❸ 암호인 '영어' 가 정답으로 입력되면, '암호가 확인되었습니다. 마지막 단계로 넘어갑니다.' 와 '다음 박스를 클릭해서 암호를 풀어 주세요.'를 말합니다.

❹ 체크박스의 모양을 '체크박스 네모_체크' 로 바꾸고, '2단계 성공' 신호를 보냅니다.

❺ 틀렸을 경우, '암호가 틀렸습니다. 프로그램을 종료합니다.'를 읽어 줍니다.

③ 3단계 암호 만들기

2단계 암호를 풀기 전까지는 기본적으로 체크박스가 숨겨져 있도록 합니다.

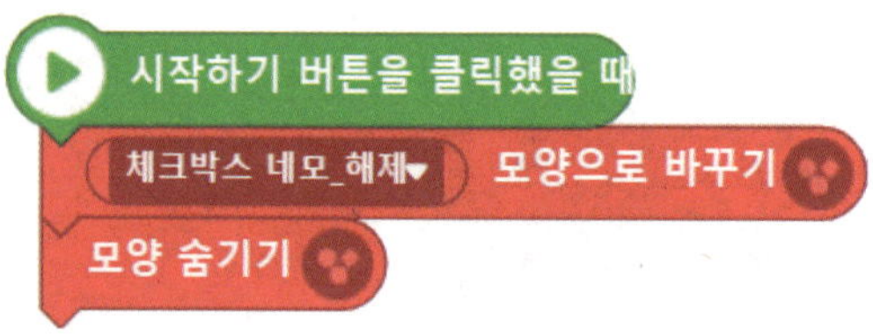
시작하기 버튼을 클릭했을 때
체크박스 네모_해제 모양으로 바꾸기
모양 숨기기

❶ 2단계 체크박스와 같은 방법으로 모양을 바꾸고 숨겨 줍니다.

2단계 성공▾ 신호를 받았을 때
모양 보이기

❶ 2단계 성공 신호를 받았을 때 체크박스의 모양을 보이도록 합니다.

체크박스를 클릭했을 때 이미지 인식을 시작해서 암호 카드를 입력하면, 인식하고 최종 성공 신호를 보내도록 합니다.

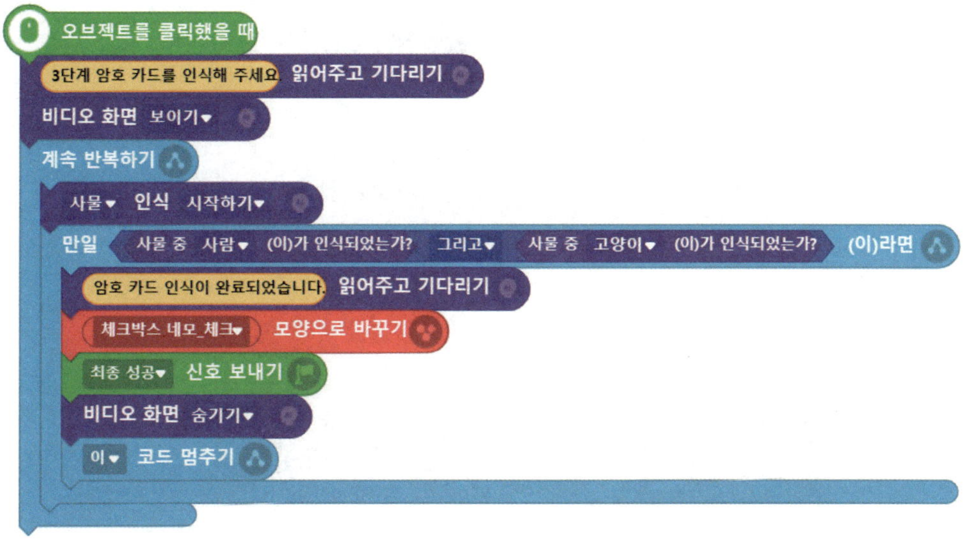
오브젝트를 클릭했을 때
3단계 암호 카드를 인식해 주세요. 읽어주고 기다리기
비디오 화면 보이기▾
계속 반복하기
사물▾ 인식 시작하기▾
만일 사물 중 사람▾ (이)가 인식되었는가? 그리고▾ 사물 중 고양이▾ (이)가 인식되었는가? (이)라면
암호 카드 인식이 완료되었습니다. 읽어주고 기다리기
체크박스 네모_체크▾ 모양으로 바꾸기
최종 성공▾ 신호 보내기
비디오 화면 숨기기▾
이▾ 코드 멈추기

❶ 박스를 클릭했을 때 '3단계 암호 카드를 인식해 주세요.'를 읽어주고 기다립니다.

❷ 비디오 화면을 보이게 하고, '흐름' 카테고리의 [계속 반복하기] 블록을 사용해 암호 카드가 인식될 때까지 계속 사물 인식을 반복하도록 합니다.

❸ '판단' 카테고리의 〈참 그리고▾ 참〉 블록을 사용해 암호 카드의 사람과 고양이가 모두 인식되었을 때 반응하도록 합니다.

❹ 암호 카드 인식이 완료되었으면, '암호 카드 인식이 완료되었습니다.'를 읽어주고 기다립니다.

❺ 체크박스의 모양을 바꾸고 '최종 성공' 신호를 보냅니다.

❻ 비디오 화면을 숨겨 줍니다.

❼ [이 코드 멈추기] 블록을 사용해 해당 코드를 멈춰 줍니다.

전체 블록

백신봇

```
시작하기 버튼을 클릭했을 때
  1단계 암호를 말해 주세요. 읽어주고 기다리기
  음성 인식하기
  만일 < 음성을 문자로 바꾼 값 = 사랑해 > (이)라면
    암호가 확인되었습니다. 2단계로 넘어갑니다. 읽어주고 기다리기
    박스를 클릭해서 암호를 풀어 주세요. 읽어주고 기다리기
    모양 숨기기
    1단계 성공 ▾ 신호 보내기
  아니면
    암호가 틀렸습니다. 프로그램을 종료합니다. 읽어주기
```

```
최종 성공 ▾ 신호를 받았을 때
  모양 보이기
  감미로운 ▾ 목소리를 보통 ▾ 속도 보통 ▾ 음높이로 설정하기
  암호를 모두 풀었습니다. 백신 프로그램을 설치합니다! 읽어주고 기다리기
```

2단계 암호박스

```
시작하기 버튼을 클릭했을 때
  대답 숨기기 ▾
  ( 체크박스 네모_해제 ▾ ) 모양으로 바꾸기
  모양 숨기기
```

```
1단계 성공 ▾ 신호를 받았을 때
  모양 보이기
```

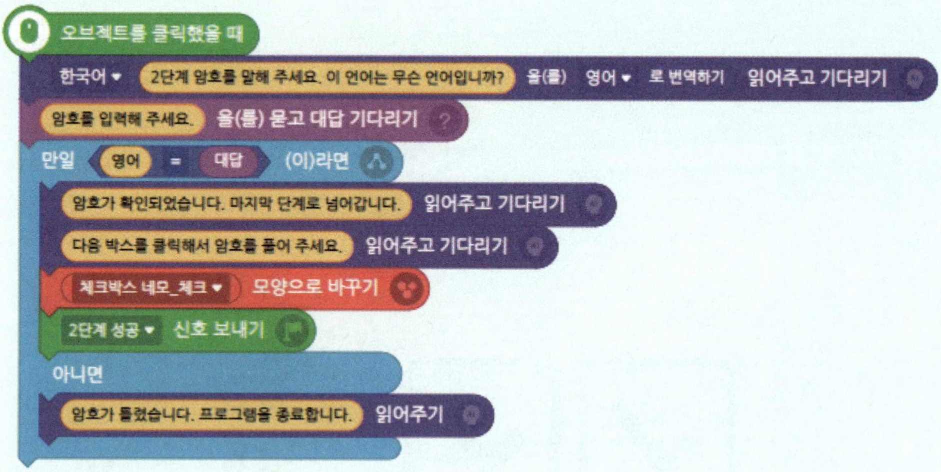
오브젝트를 클릭했을 때
한국어 2단계 암호를 말해 주세요. 이 언어는 무슨 언어입니까? 을(를) 영어 로 번역하기 읽어주고 기다리기
암호를 입력해 주세요. 을(를) 묻고 대답 기다리기
만일 영어 = 대답 (이)라면
암호가 확인되었습니다. 마지막 단계로 넘어갑니다. 읽어주고 기다리기
다음 박스를 클릭해서 암호를 풀어 주세요. 읽어주고 기다리기
체크박스 네모_체크 모양으로 바꾸기
2단계 성공 신호 보내기
아니면
암호가 틀렸습니다. 프로그램을 종료합니다. 읽어주기

3단계 암호박스

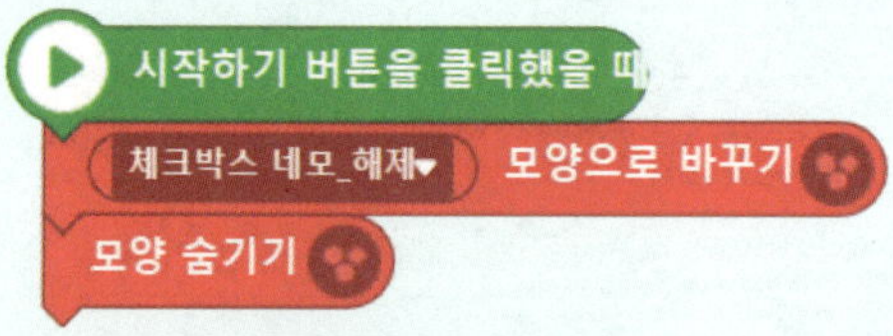
시작하기 버튼을 클릭했을 때
체크박스 네모_해제 모양으로 바꾸기
모양 숨기기

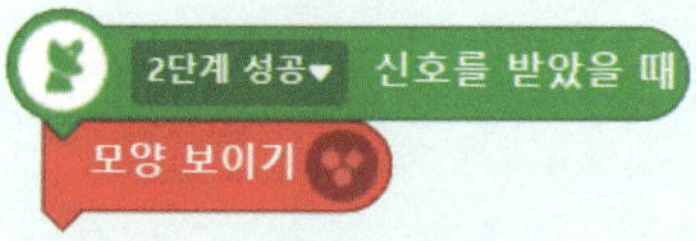
2단계 성공 신호를 받았을 때
모양 보이기

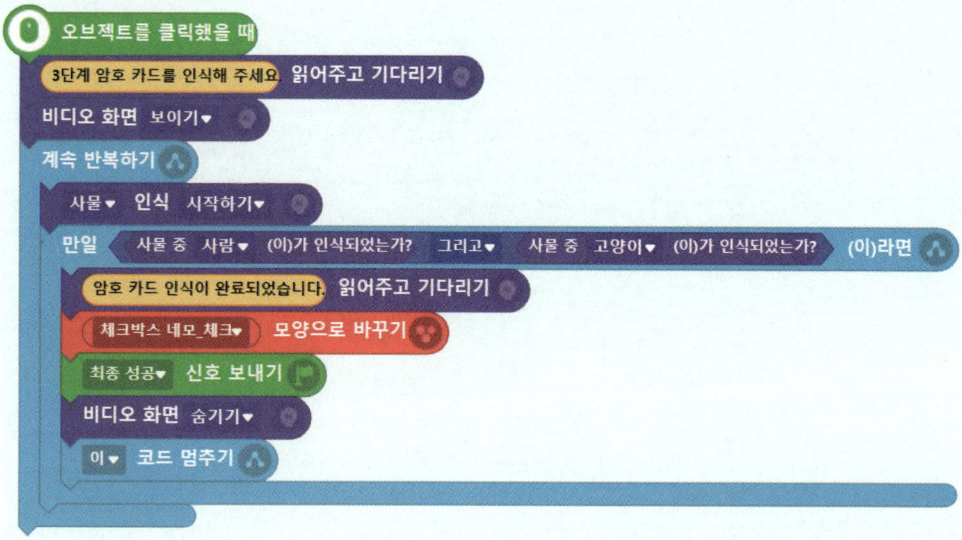
오브젝트를 클릭했을 때
3단계 암호 카드를 인식해 주세요. 읽어주고 기다리기
비디오 화면 보이기
계속 반복하기
사물 인식 시작하기
만일 사물 중 사람 (이)가 인식되었는가? 그리고 사물 중 고양이 (이)가 인식되었는가? (이)라면
암호 카드 인식이 완료되었습니다. 읽어주고 기다리기
체크박스 네모_체크 모양으로 바꾸기
최종 성공 신호 보내기
비디오 화면 숨기기
이 코드 멈추기

실행화면

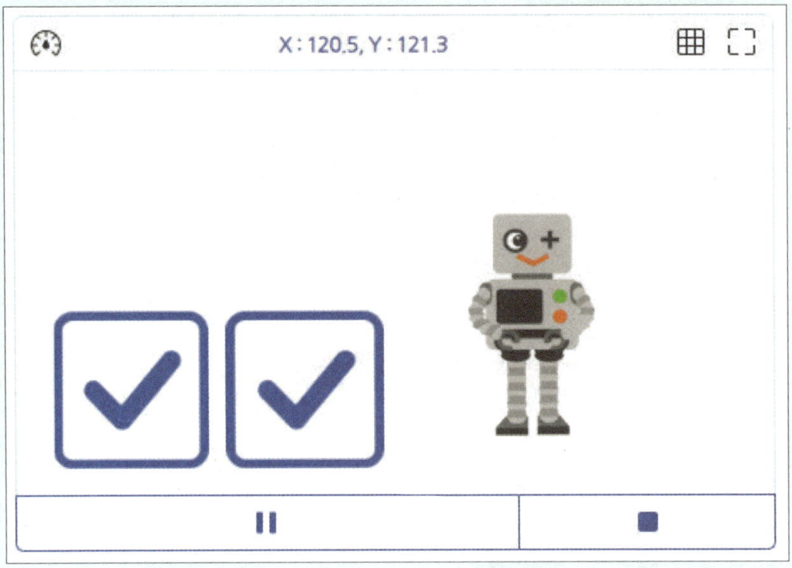

STAGE ENDING

엔트리의 AI 블록을 모두 학습해 최종 업그레이드된 AI백신봇이 학교의 모든 컴퓨터에 백신을 설치한다. 바이러스는 백신에 설치된 컴퓨터에 침입하지 못해 슬퍼하지만, 포기하기 직전에 무엇인가를 찾는다.

좋아! 백신봇 업그레이드 완료! 이제 교수님이 말씀하신 AI 백신봇이 완성 되었어!
야호
이제 모든 컴퓨터에 백신을 설치하고 있으니까 바이러스는 아무 데도 못 가겠지?
영어실
컴퓨터실
이제 이 학교에는 더이상 감염시킬 곳이 없는 거야?
아직 끝나지 않았어!

STAGE 3

AI 백신봇의 마지막 승부

아이들과 선생님은 AI스쿨바이러스를 찾아내 학교의 모든 컴퓨터를 치료하려고 한다. 모든 곳을 찾았지만 AI스쿨바이러스는 찾을 수 없었다. 단 한 군데가 남은 곳이 있으니 바로 체육관이다. 체육관은 모든 최신 시설이 갖추어진 AI스쿨바이러스가 가장 활동하기 좋은 곳이다. 아이들과 선생님은 체육관을 찾게 된다. 하지만, AI스쿨바이러스가 놓은 덫에 빠진 함정이라는 것은 체육관에 갇히고서야 알게 된다.

Quest 12 백신봇을 웃게 하자!
Quest 13 우리 말을 들어줘!
Quest 14 똑똑한 눈을 만들자!
Quest 15 얼굴만 봐도 알아요!

고~요
얘들아! 바이러스가 도망갔나봐!
아무리 찾아도 바이러스가 없어!
바이러스는 쉽게 사라지지 않아. 완전히 없애지 않으면 다시 살아나 우리에게 피해를 주게 돼.
어떡하지?
체육관으로 가보자!
체육관
쯧쯧, 제이는 이런 곳에 가방을 버려두다니… 내가 챙겨야지… 왜냐하면 나는 착한 아이니까…
스르륵
안돼! 문이 닫히면!
탁!
끼익~
우린 갇.혔.다
내가 너희들을 혼내주겠다!!
이곳에 AI 스쿨 바이러스가 있다!!

Quest 12

Quest 12 백신봇을 웃게 하자!

AI스쿨바이러스와 대결하기 위해 제이는 노트북을 꺼내어 AI백신봇을 호출한다. 하지만, 아무리 AI백신봇을 호출해도 나오지 않는다. 선생님이 AI백신봇을 차분하게 부르자 AI백신봇이 나오는데…

너희들은 이제 독 안에 든 쥐다! 아무데도 갈 수 없다!
헉!
더 강력해진 AI 바이러스를 이기기 위해선 새로운 AI 백신 모형이 개발되어야 한단다.
먼저 AI 백신봇의 감정을 조절할 수 있는 AI 모형을 개발해야 겠어요.
감정을 조절한다구? 사람도 아닌데.
탁 탁
AI백신봇이 자유롭게 감정을 조절할 수 있도록 해야돼요. 그러기 위해선 교수님의 말씀처럼 새로운 AI 백신을 만들어야 해요!
좋아!
탁탁!

AI 백신봇이 진화된 AI 바이러스에 의해 감정을 조절하지 못하게 되었군요. 이번 퀘스트에서는 백신봇이 감정을 조절할 수 있도록 감정조절 AI 모델을 만들어 보겠습니다.

텍스트 인식 기능을 활용하여 감정이 전달되는 낱말을 입력하면 낱말에 따라 감정을 표현하는 AI 프로그램을 개발하여 보도록 하겠습니다.

1 표정 오브젝트 만들기

'오브젝트 추가하기'에서 새로 그리기를 클릭하여 새로운 오브젝트를 만듭니다.

② 그냥 얼굴 만들기

아무런 표정이 없는 '그냥 얼굴'을 만듭니다. 비트맵이나 벡터 등 그리기 편한 형식으로 만듭니다.

'그냥얼굴'이라고 오브젝트 이름을 넣습니다.

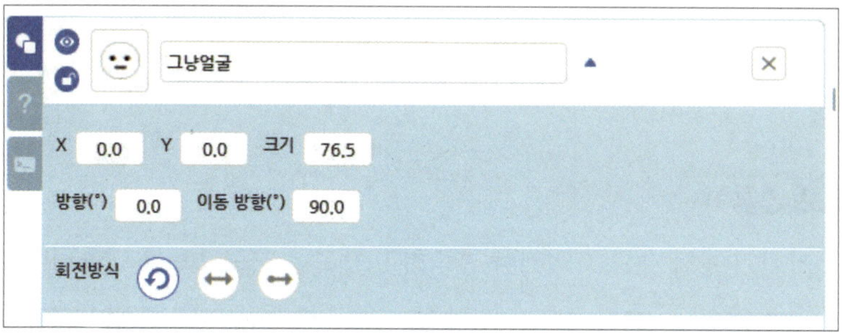

'그냥얼굴'이라고 모양 추가하기의 그림 이름도 넣습니다.

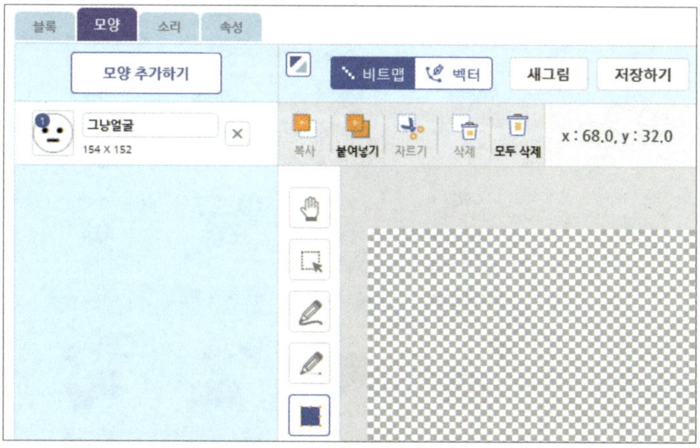

3 웃는 얼굴 만들기

그냥얼굴 오브젝트를 마우스 오른쪽으로 클릭하여 나의 보관함 추가하기를 합니다.

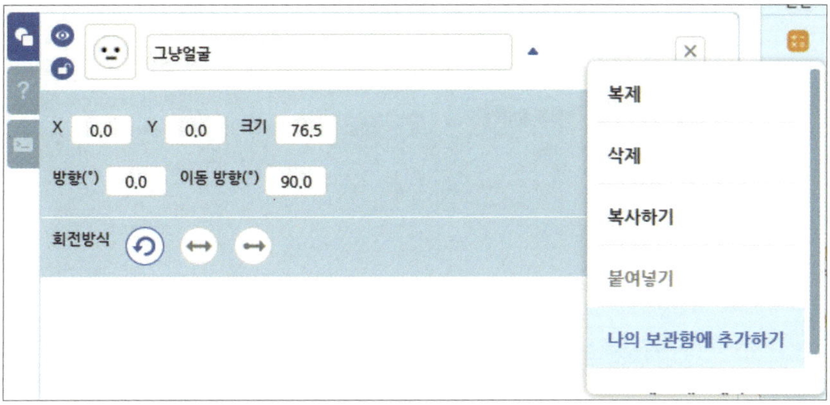

엔트리 작업창 오른쪽 화면에 나의 보관함에 '그냥 얼굴' 오브젝트가 추가된 것을 알 수 있습니다. 나의 보관함에 추가된 오브젝트는 쉽게 변형하여 사용하기 편리합니다.

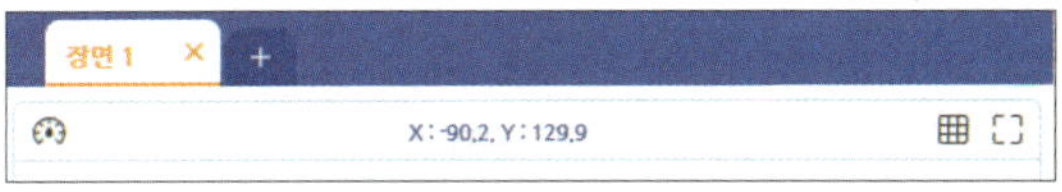

장면1의 오른쪽 + 를 클릭하여 장면2를 만듭니다.

마우스를 끌어다 오브젝트 작업창에 놓습니다.

'웃는얼굴'이라고 이름을 바꿉니다. 이제 웃는 얼굴을 만들어보겠습니다.

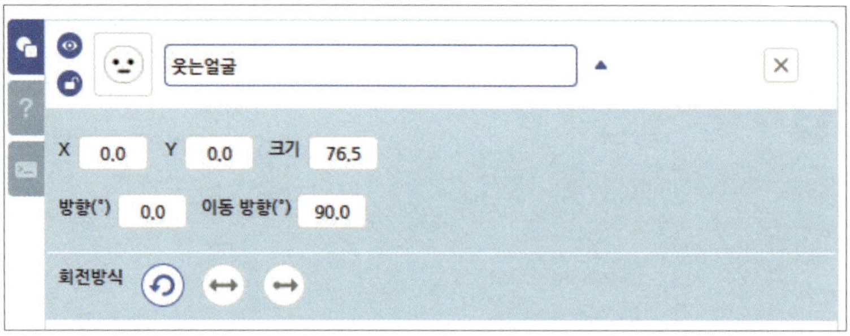

모양 탭에서 그냥얼굴을 '복제'하여 하나 더 만들어 '웃는얼굴'로 이름을 바꿉니다.

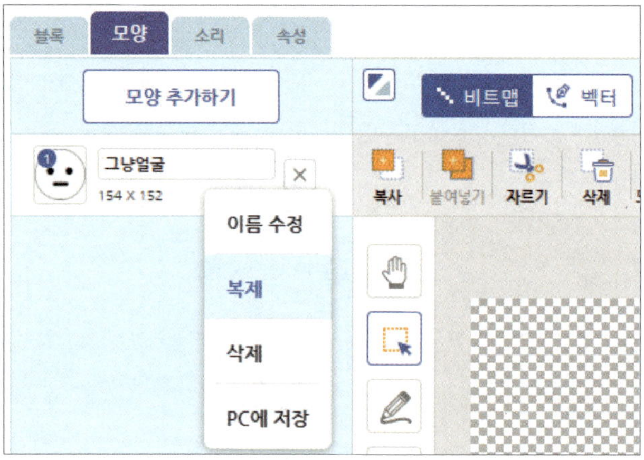

'그냥얼굴' 모양을 웃는 얼굴로 살짝 바꿔보겠습니다.

웃는 얼굴을 나만의 모습으로 만들어 보세요.

'웃는얼굴' 오브젝트에 그냥얼굴은 1번, 웃는얼굴은 2번에 놓였습니다.

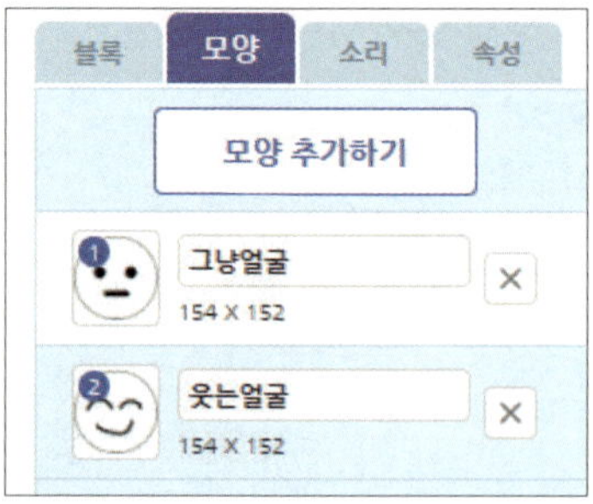

4 우는 얼굴 만들기

우는 얼굴을 만들기 위해 장면 3을 추가합니다.

나의 보관함 에서 '그냥얼굴'을 가져와 오브젝트 작업창에 추가합니다. 그리고 이름을 '우는얼굴'로 바꿔줍니다.

ㅠㅠ 우는 얼굴을 나만의 모습으로 만들어 보세요.

5 화난 얼굴 만들기

화난 얼굴을 만들기 위해 장면 4를 추가합니다.

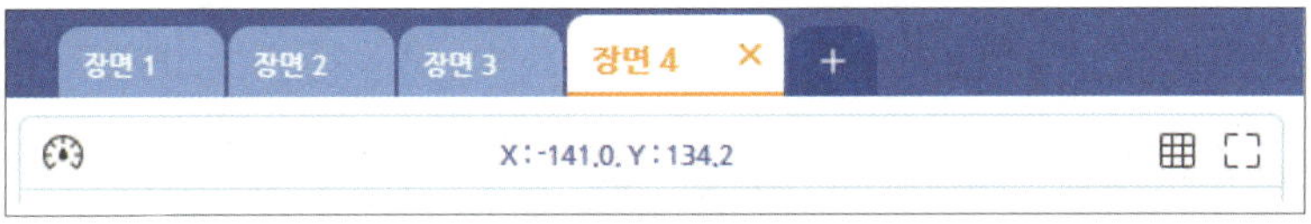

나의 보관함 에서 '그냥얼굴'을 가져와 오브젝트 작업창에 추가합니다. 그리고 이름을 '화난얼굴'로 바꿔줍니다.

화난 얼굴을 나만의 모습으로 만들어 보세요.

장면1, 장면2, 장면3, 장면4를 '그냥얼굴', '웃는얼굴', '우는얼굴', '화난얼굴'로 이름을 바꿔주세요. 코딩을 할 때 적절한 이름을 부여하는 게 전체 코딩에 좋습니다.

6 기분을 알려주는 코딩하기

기분에 따라 표정을 다르게 바꿔주는 코딩을 해보겠습니다. 다음 말을 입력하면 표정이 변하도록 코딩을 짜는 것입니다.

그저그래 ⇒ 

행복해 ⇒ 

슬퍼 ⇒ 

짜증나 ⇒ 

백신봇 기분을 말해줘!
을(를) 묻고 대답 기다리기
를 이용하여 입력값을 받습니다.

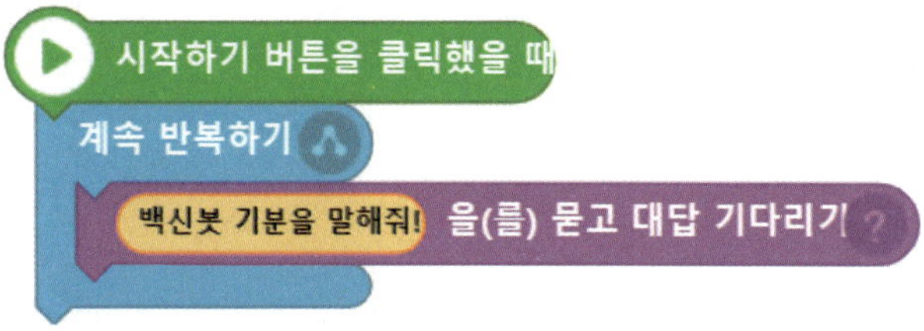
시작하기 버튼을 클릭했을 때
계속 반복하기
백신봇 기분을 말해줘!
을(를) 묻고 대답 기다리기

대답
=
행복해
를 조건값을 만들어 완성합니다.

만일
대답
=
행복해
(이)라면
웃는얼굴
시작하기

7 '그냥얼굴' 코딩하기

각각의 조건값을 넣어 코딩을 완성해합니다.

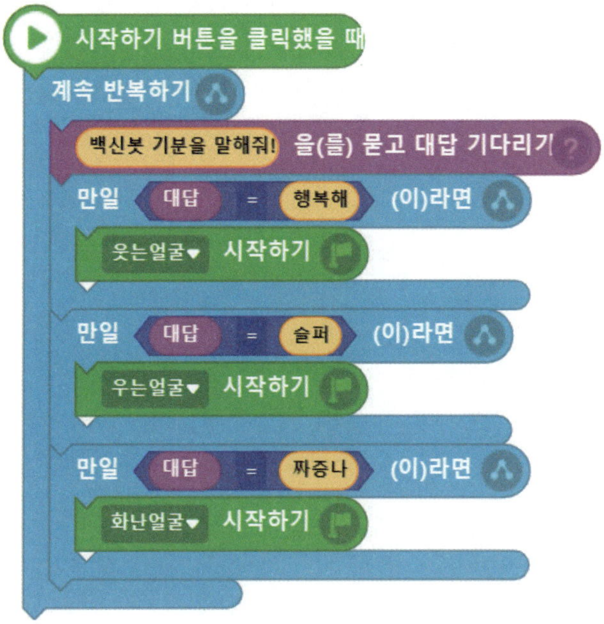
시작하기 버튼을 클릭했을 때
계속 반복하기
백신봇 기분을 말해줘! 을(를) 묻고 대답 기다리기
만일 대답 = 행복해 (이)라면
웃는얼굴 시작하기
만일 대답 = 슬퍼 (이)라면
우는얼굴 시작하기
만일 대답 = 짜증나 (이)라면
화난얼굴 시작하기

장면을 다시 받아야 하기 때문에 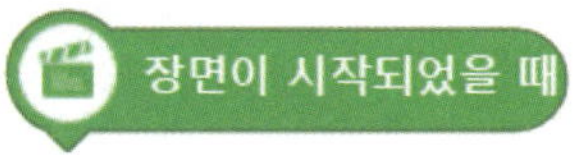
장면이 시작되었을 때
를 추가하여야 합니다.

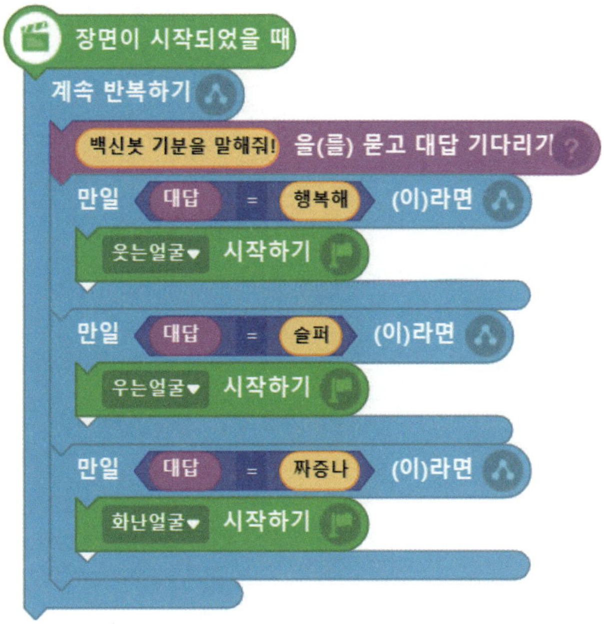
장면이 시작되었을 때
계속 반복하기
백신봇 기분을 말해줘! 을(를) 묻고 대답 기다리기
만일 대답 = 행복해 (이)라면
웃는얼굴 시작하기
만일 대답 = 슬퍼 (이)라면
우는얼굴 시작하기
만일 대답 = 짜증나 (이)라면
화난얼굴 시작하기

8 '웃는얼굴' 코딩하기

그냥 얼굴과 웃는 얼굴이 반복적으로 애니메이션이 실행되도록 합니다.

장면이 시작되었을 때
5 번 반복하기
그냥얼굴 모양으로 바꾸기
0.2 초 기다리기
웃는얼굴 모양으로 바꾸기
1 초 기다리기
그냥얼굴 시작하기

9 '우는얼굴' 코딩하기

그냥 얼굴과 우는 얼굴이 반복적으로 애니메이션이 실행되도록 합니다.

장면이 시작되었을 때
5 번 반복하기
그냥얼굴 모양으로 바꾸기
0.2 초 기다리기
우는얼굴 모양으로 바꾸기
1 초 기다리기
그냥얼굴 시작하기

10 '화난얼굴' 코딩하기

그냥 얼굴과 화난 얼굴이 반복적으로 애니메이션이 실행되도록 합니다.

장면이 시작되었을 때
5 번 반복하기
그냥얼굴 모양으로 바꾸기
0.2 초 기다리기
화난얼굴 모양으로 바꾸기
1 초 기다리기
그냥얼굴 시작하기

11 AI 모델 만들기

코딩에 넣어진 조건문에 쓰여진 대로 정확하게 '행복해', '슬퍼', '짜증나'라는 키워드를 입력해야만 실행이 됩니다. 하지만, 우리가 일상생활에서 행복하고 슬프고 짜증나는 것은 많은 언어들이 있습니다.

만약, '기분이 좋아'라고 해도 웃는 얼굴이 나와야 합니다. '숙제를 안했어'라고 하면 슬픈 표정이 나와야 합니다. 이런 식으로 사람처럼 판단할 수 있어야 합니다.

사람처럼 언어를 이해하고 감정이 전달되기 위해서는 AI 모델이 필요합니다.

자, 그럼 AI 모델을 만들어 보겠습니다.

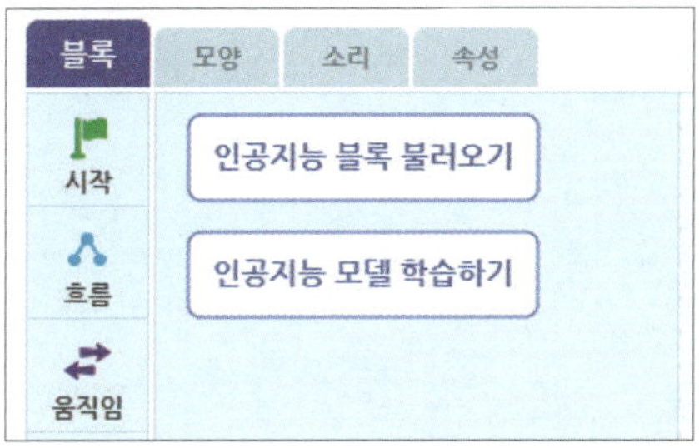

블록의 인공지능 을 클릭하고 인공지능 모델 학습하기 로 들어갑니다.

학습할 모델 선택하기에는 여러 가지로 분류되어 있습니다. 이미지, 텍스트, 음성, 숫자, 예측:숫자, 군집:숫자로 나누어져 있습니다.

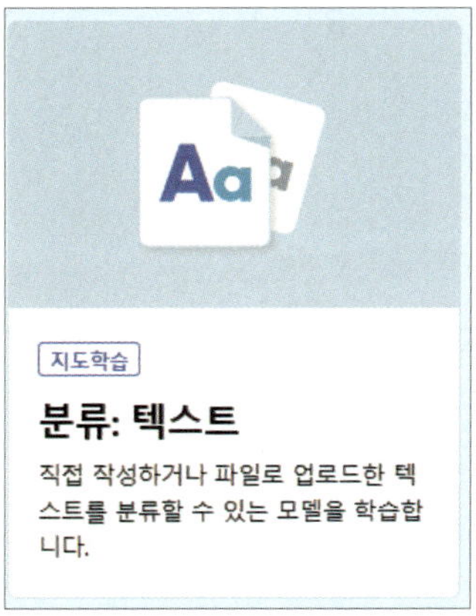

이번 AI 모형 학습에서는 텍스트를 기본으로 코딩을 작성하겠습니다. 다양한 사람의 말을 이해하고 감정을 표현할 수 있도록 AI 코딩을 해보겠습니다.

분류: 텍스트를 클릭하고 들어가면 다음과 같이 AI 모델 학습하기의 기본 화면이 나옵니다.

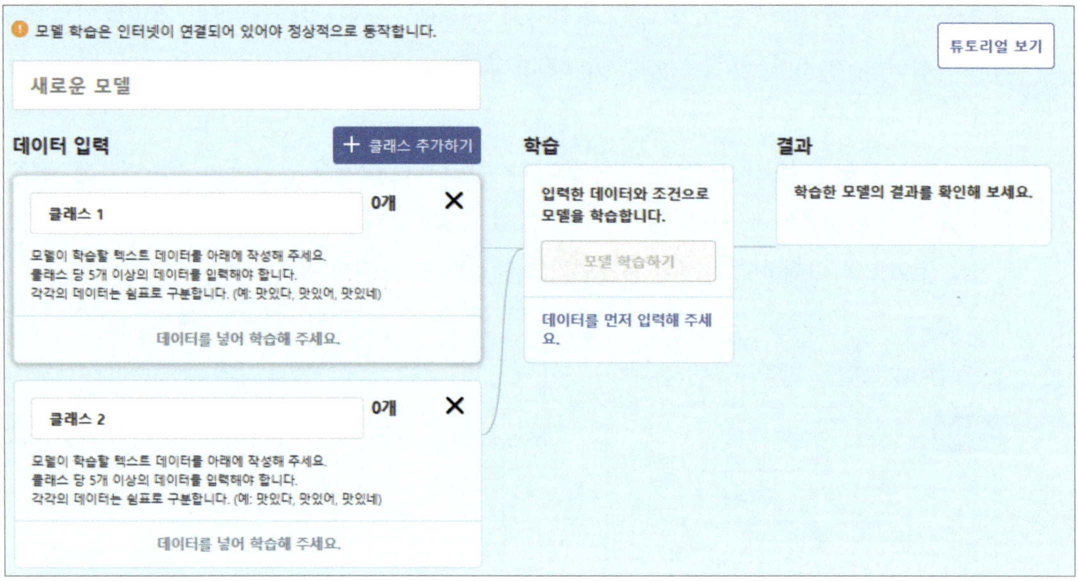
모델 학습은 인터넷이 연결되어 있어야 정상적으로 동작합니다.
튜토리얼 보기
새로운 모델
데이터 입력
+ 클래스 추가하기
클래스 1
0개
모델이 학습할 텍스트 데이터를 아래에 작성해 주세요.
클래스 당 5개 이상의 데이터를 입력해야 합니다.
각각의 데이터는 쉼표로 구분합니다. (예: 맛있다, 맛있어, 맛있네)
데이터를 넣어 학습해 주세요.
클래스 2
0개
모델이 학습할 텍스트 데이터를 아래에 작성해 주세요.
클래스 당 5개 이상의 데이터를 입력해야 합니다.
각각의 데이터는 쉼표로 구분합니다. (예: 맛있다, 맛있어, 맛있네)
데이터를 넣어 학습해 주세요.
학습
입력한 데이터와 조건으로 모델을 학습합니다.
모델 학습하기
데이터를 먼저 입력해 주세요.
결과
학습한 모델의 결과를 확인해 보세요.

[새로운 모델]에 AI 모델의 이름을 넣을 수 있습니다. '감정조절'로 입력합니다.

분류: 텍스트 모델 학습하기
모델 학습은 인터넷이 연결되어 있어야 정상적으로 동작합니다.
튜토리얼 보기
감정 조절

[+ 클래스 추가하기]를 클릭하여 모두 3개의 클래스를 만듭니다. 각각, '행복해', '슬퍼요', '짜증나'의 3개의 클래스를 만듭니다. '그저 그래요'의 클래스는 3개의 클래스에 해당되지 않는 경우이기 때문에 따로 만들지 않아도 됩니다.

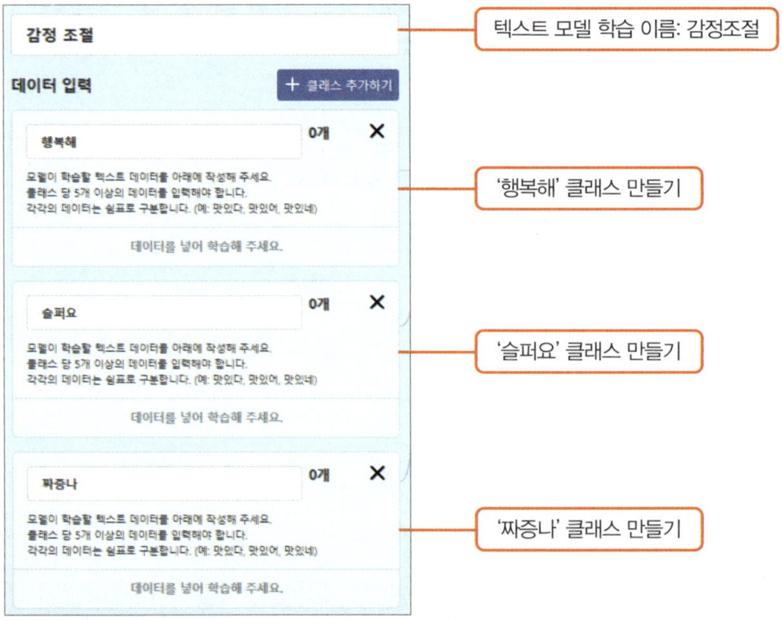
감정 조절
데이터 입력
+ 클래스 추가하기
행복해
0개
데이터를 넣어 학습해 주세요.
슬퍼요
0개
데이터를 넣어 학습해 주세요.
짜증나
0개
데이터를 넣어 학습해 주세요.
텍스트 모델 학습 이름: 감정조절
'행복해' 클래스 만들기
'슬퍼요' 클래스 만들기
'짜증나' 클래스 만들기

맨 아래 부분에 [데이터를 넣어 학습해 주세요.] 라는 부분에 나타나듯이 데이터를 넣어 학습을 해야 합니다. 클래스별로 클릭하면 다음과 같은 화면이 나옵니다.

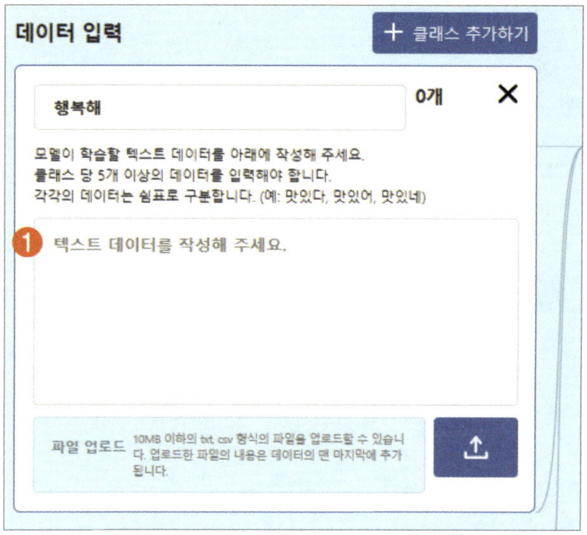

❶ 텍스트 데이터를 작성해 주세요. 부분에 '행복해'에 해당되는 유사한 우리말을 입력합니다.

예를 들어,

> 하하하, 좋아요, 행복해, 행복, 즐거워, 기분 좋아, 사랑해, 사랑, 흐뭇해, 웃음, 웃껴, 신나, 신난다. 호호, 히히히, 낄낄

라고 입력을 합니다.

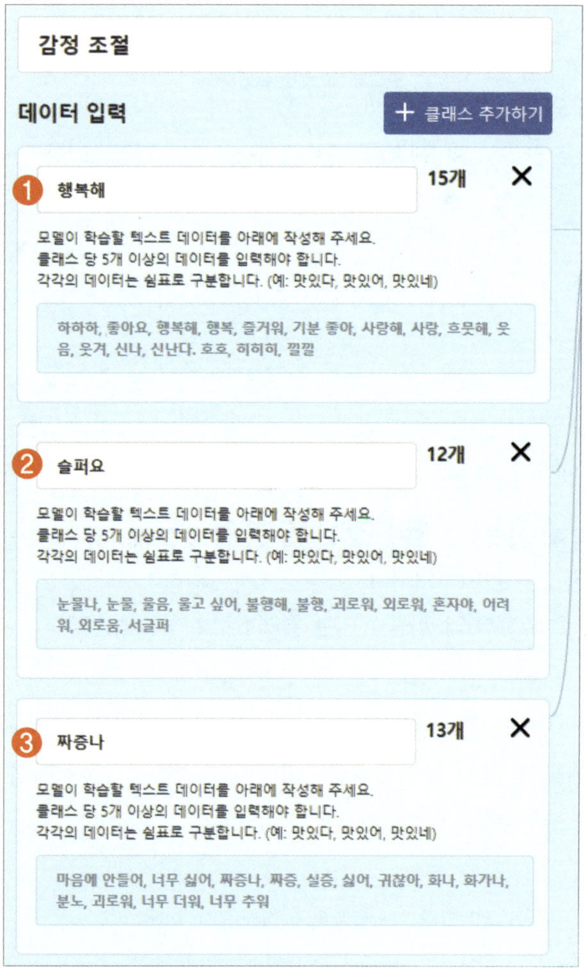

❶ '행복해'의 클래스에는 비슷한 우리말로 다음과 같이 입력하였습니다.

> 하하하, 좋아요, 행복해, 행복, 즐거워, 기분 좋아, 사랑해, 사랑, 흐뭇해, 웃음, 웃겨, 신나, 신난다. 호호, 히히히, 낄낄

❷ '슬퍼요'의 클래스에는 비슷한 우리말로 다음과 같이 입력하였습니다.

> 눈물나, 눈물, 울음, 울고 싶어, 불행해, 불행, 괴로워, 외로워, 혼자야, 어려워, 외로움, 서글퍼

❸ '짜증나'의 클래스에는 비슷한 우리말로 다음과 같이 입력하였습니다.

> 마음에 안들어, 너무 싫어, 짜증나, 짜증, 실증, 싫어, 귀찮아, 화나, 화가나, 분노, 괴로워, 너무 더워, 너무 추워

12 AI 모델 학습하기

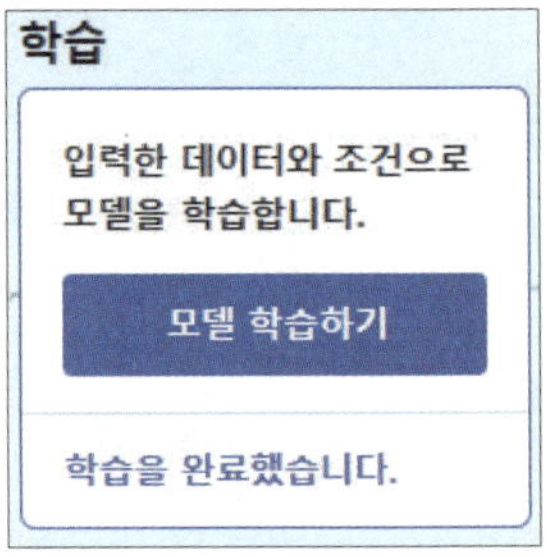

모델 학습하기 부분에 '행복해'에 해당되는 유사한 우리말을 입력합니다.

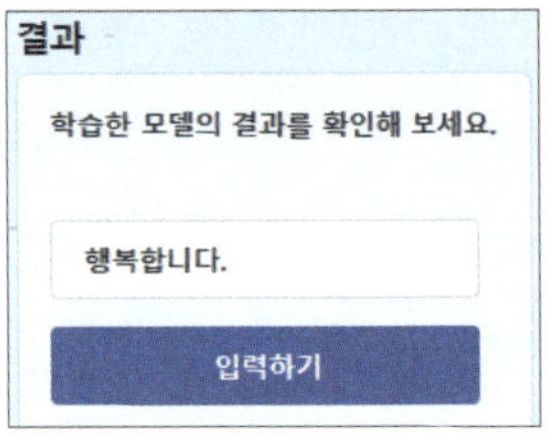

입력하기 부분에 '행복해'에 해당되는 유사한 우리말을 입력합니다.

데이터에 입력되지 않은 '행복합니다', '짜증나요', '너무 더벼요', '싫어유' 등의 다양한 우리말을 입력합니다.

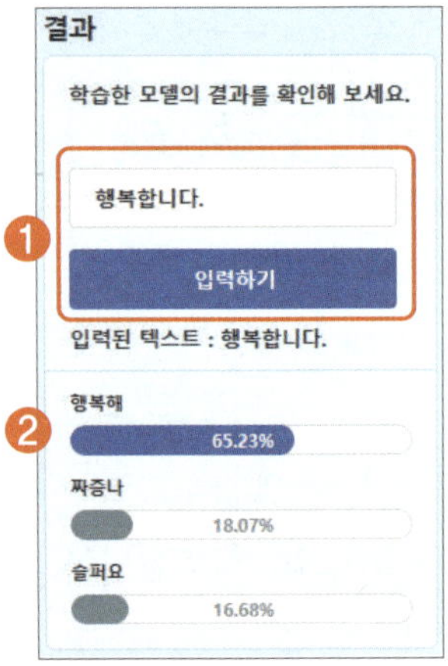

❶ '행복합니다'를 입력하고 입력하기 를 클릭하여 AI 모델의 학습 정도의 결과를 파악합니다.

❷ 결과값으로 65.23%의 '행복해'라는 클래스로 분류되었습니다.

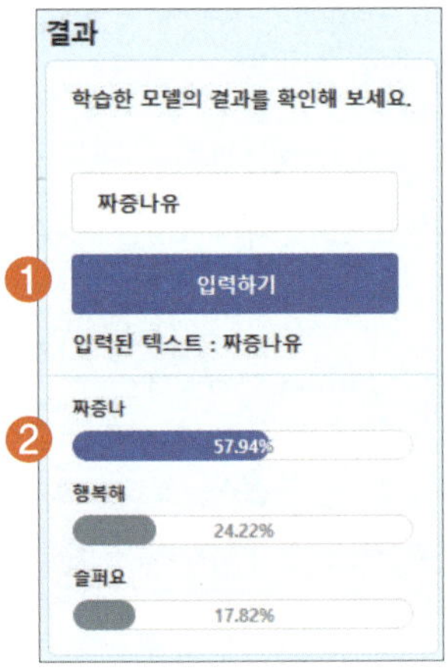

❶ '짜증나유'를 입력하고 입력하기 를 클릭하여 AI 모델의 학습 정도의 결과를 파악합니다.

❷ 결과값으로 57.94%의 '짜증나'라는 클래스로 분류되었습니다.

데이터값을 정확하게 입력하지 않고 비슷하게 입력이 되어도 유사한 값으로 판단되는 것이 확인됩니다. 데이터는 최소한 10개 이상을 입력하여 학습하도록 해야 합니다.

✚ 최대한 많은 양의 데이터를 학습할수록 정확한 값이 나옵니다.

13 AI 모델 코딩블록 적용하기

AI 모델을 다음과 같이 적용합니다. 묻고 대답하기를 통하여 얻은 대답 의 결과를 AI 학습 모델 블록에 추가하여 넣습니다.

대답 을(를) 학습한 모델로 분류하기

다음과 같은 식으로 기존 블록을 바꾸어 넣습니다.

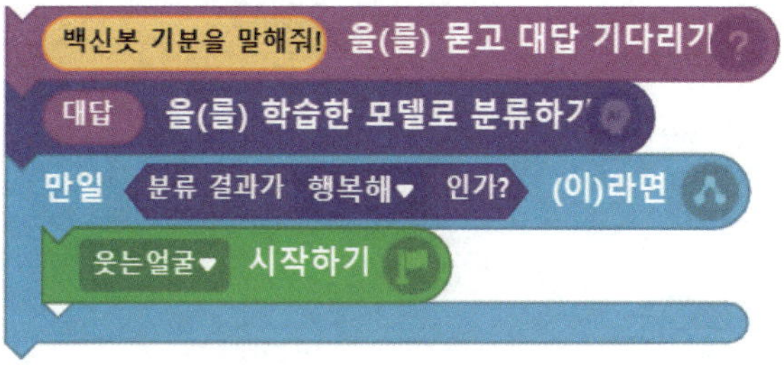

백신봇 기분을 말해줘! 을(를) 묻고 대답 기다리기
대답 을(를) 학습한 모델로 분류하기
만일 분류 결과가 행복해 인가? (이)라면
웃는얼굴 시작하기

기존의 '그냥얼굴' 오브젝트를 AI 모델을 대체하여 넣으면 다음과 같습니다.

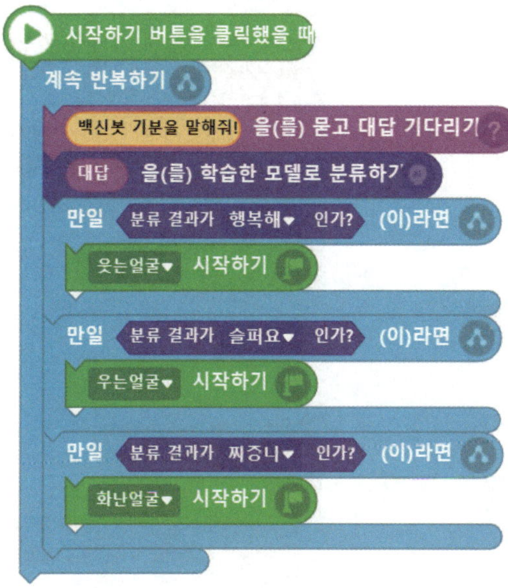

시작하기 버튼을 클릭했을 때
계속 반복하기
백신봇 기분을 말해줘! 을(를) 묻고 대답 기다리기
대답 을(를) 학습한 모델로 분류하기
만일 분류 결과가 행복해 인가? (이)라면
웃는얼굴 시작하기
만일 분류 결과가 슬퍼요 인가? (이)라면
우는얼굴 시작하기
만일 분류 결과가 짜증나 인가? (이)라면
화난얼굴 시작하기

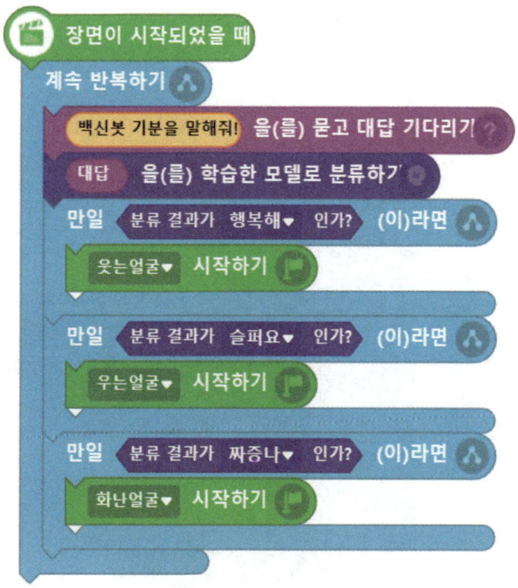

장면이 시작되었을 때
계속 반복하기
백신봇 기분을 말해줘! 을(를) 묻고 대답 기다리기
대답 을(를) 학습한 모델로 분류하기
만일 분류 결과가 행복해 인가? (이)라면
웃는얼굴 시작하기
만일 분류 결과가 슬퍼요 인가? (이)라면
우는얼굴 시작하기
만일 분류 결과가 짜증나 인가? (이)라면
화난얼굴 시작하기

전체 블록

'그냥얼굴' 오브젝트

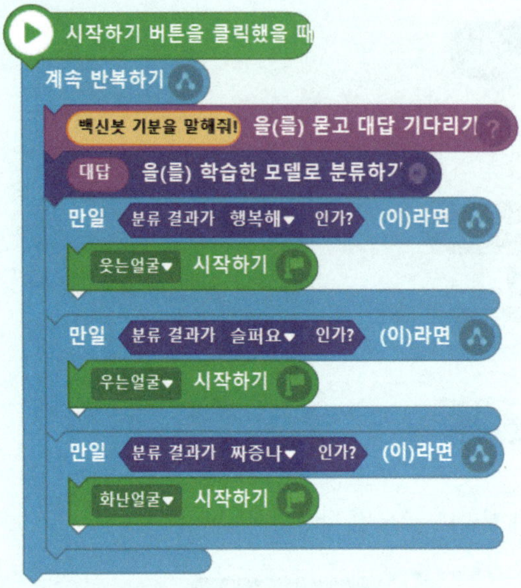
시작하기 버튼을 클릭했을 때
계속 반복하기
백신봇 기분을 말해줘! 을(를) 묻고 대답 기다리기
대답 을(를) 학습한 모델로 분류하기
만일 분류 결과가 행복해 인가? (이)라면
웃는얼굴 시작하기
만일 분류 결과가 슬퍼요 인가? (이)라면
우는얼굴 시작하기
만일 분류 결과가 짜증나 인가? (이)라면
화난얼굴 시작하기

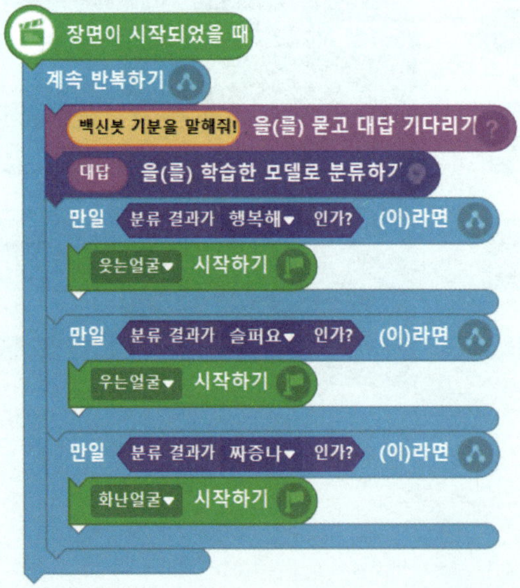
장면이 시작되었을 때
계속 반복하기
백신봇 기분을 말해줘! 을(를) 묻고 대답 기다리기
대답 을(를) 학습한 모델로 분류하기
만일 분류 결과가 행복해 인가? (이)라면
웃는얼굴 시작하기
만일 분류 결과가 슬퍼요 인가? (이)라면
우는얼굴 시작하기
만일 분류 결과가 짜증나 인가? (이)라면
화난얼굴 시작하기

'웃는얼굴' 오브젝트

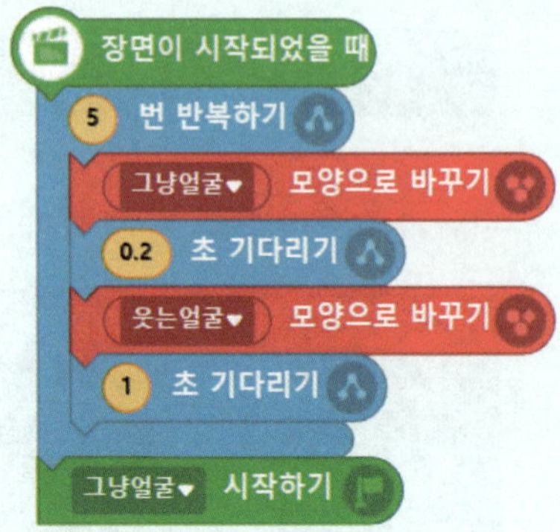
장면이 시작되었을 때
5 번 반복하기
그냥얼굴 모양으로 바꾸기
0.2 초 기다리기
웃는얼굴 모양으로 바꾸기
1 초 기다리기
그냥얼굴 시작하기

'우는얼굴' 오브젝트

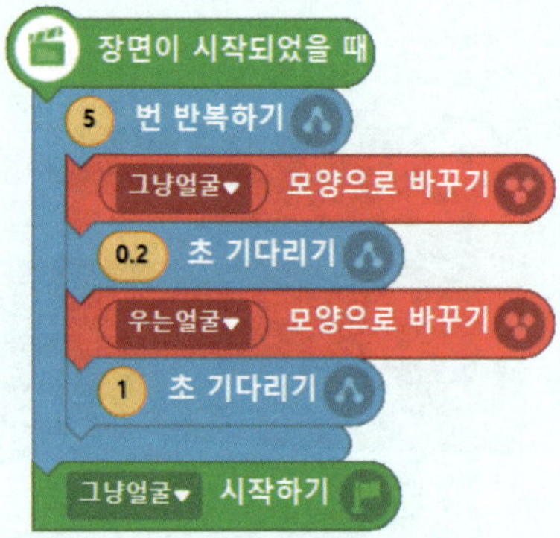
장면이 시작되었을 때
5 번 반복하기
그냥얼굴 모양으로 바꾸기
0.2 초 기다리기
우는얼굴 모양으로 바꾸기
1 초 기다리기
그냥얼굴 시작하기

'화난얼굴' 오브젝트

장면이 시작되었을 때
5 번 반복하기
그냥얼굴 모양으로 바꾸기
0.2 초 기다리기
화난얼굴 모양으로 바꾸기
1 초 기다리기
그냥얼굴 시작하기

실행화면

퀴즈

Q. AI 모형이 보다 더 정확하게 하는 방법에는 무엇이 있을까요?

① '학습하기'를 많이 할수록 좋다.

② 데이터를 많이 입력하여 '학습하기'를 해야 한다.

③ 감정에 정확히 맞는 언어 1가지만 인식할 수 있다.

④ AI 모형은 정확하지 않기 때문에 맞는 코드를 넣어야만 한다.

⑤ AI 모형을 정확하게 하기 위해서는 사람이 직접 하는 것이 좋다.

정답 : ②

Quest 13

Quest 13 우리 말을 들어줘!

AI백신봇이 정상적으로 작동하기 시작했지만 체육관은 여전히 잠겨져 있다. 설상가상으로 한여름에 에어컨이 작동하지 않고 온풍기가 작동한다. 아이들은 더위에 지쳐간다. 에어컨을 아무리 작동하려 해도, 난방기를 끌려고 해도 안된다. 제이는 이재호교수님에게 도움을 구한다. AI백신봇을 달래듯이 음성으로 기계들을 작동하는 게 어떻겠느냐고 조언을 준다. 기계들을 음성으로 작동하려면 어떻게 해야 할까?

아, 너무 덥다. 체육관의 에어컨 작동이 안돼! 스위치가 되지 않아!
무슨 방법이 있을거야!
탁- 탁-
백신봇은 스위치가 없으면 할 수 있는 게 없잖아!
찌릿-
아! 맞아, 체육관에 마이크가 있는지 살펴봐! 지난번 AI 백신봇에게 훈련시킨 인공지능 음성인식을 쓰면 어떻겠니?
네! 맞아요! 백신봇에게 바이러스에 대항할 음성인식 AI 모형을 훈련 시켜야겠어요!
!
후다닥

우리가 에어컨을 작동하려면 리모콘이나 스위치를 조작해야 하지만 AI 기능을 이용하면 음성으로도 조작이 가능합니다.

시리, 빅스비 등의 스마트폰에 있는 AI는 우리의 말을 알아듣지요? 이제 이 퀘스트를 완수하면 우리가 직접 AI로 조작하는 에어컨을 만들 수 있답니다.

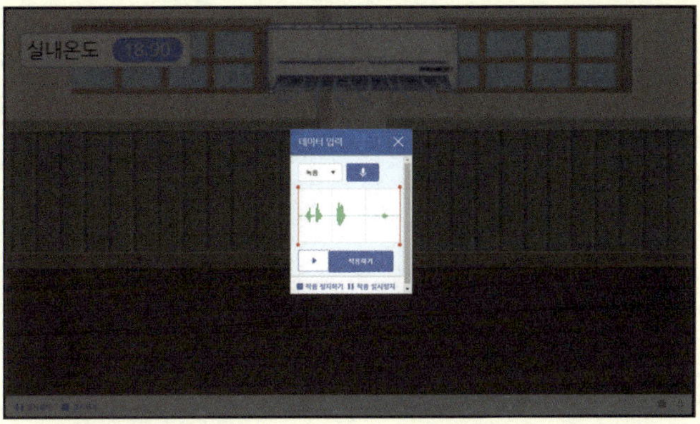

1 에어컨 만들기

'오브젝트 추가하기'에서 '실내 체육관'을 불러옵니다.

[체육관 🔍] 을 검색하여 찾습니다.

[에어컨 🔍] '오브젝트 추가하기'에서 에어컨을 검색하여 에어컨을 추가합니다. 체육관의 중앙에 에어컨 오브젝트를 적절히 배치합니다.

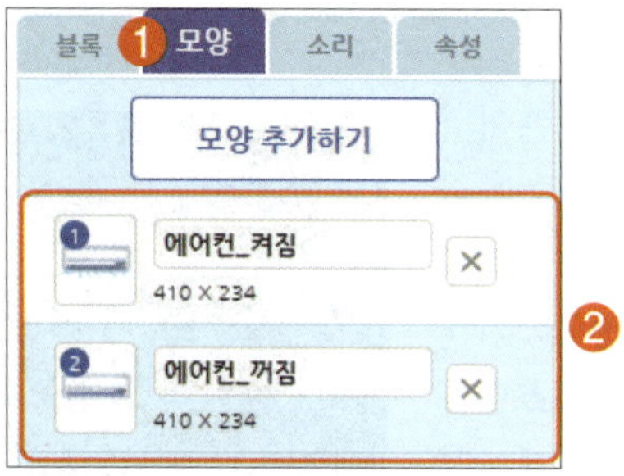

❶ 에어컨의 모양 탭에서 모양은 2가지로 되어 있습니다.
❷ '에어컨_켜짐', '에어컨_꺼짐'입니다.

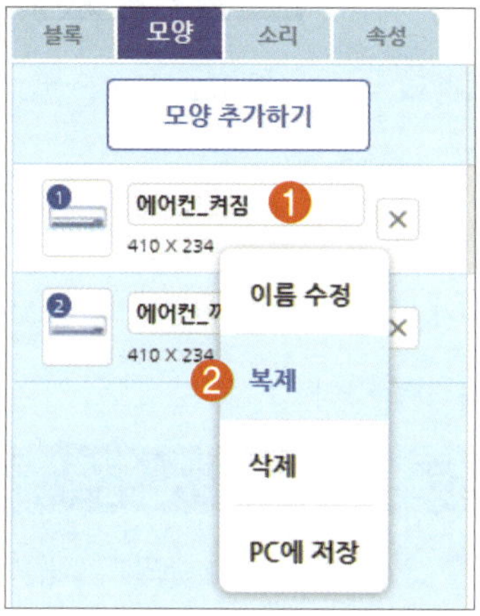

❶ '에어컨_켜짐' 모양이 1개 뿐입니다. 에어컨이 운전되는 애니메이션을 만들기 위해 '에어컨_켜짐'을 1개 더 만들어보겠습니다.

❷ 복제 를 클릭하여 '에어컨 켜짐'을 더 만듭니다.

새로 만들어진 '에어컨_켜짐1'을 마우스로 끌어다 '에어컨_켜짐' 바로 밑에 둡니다.

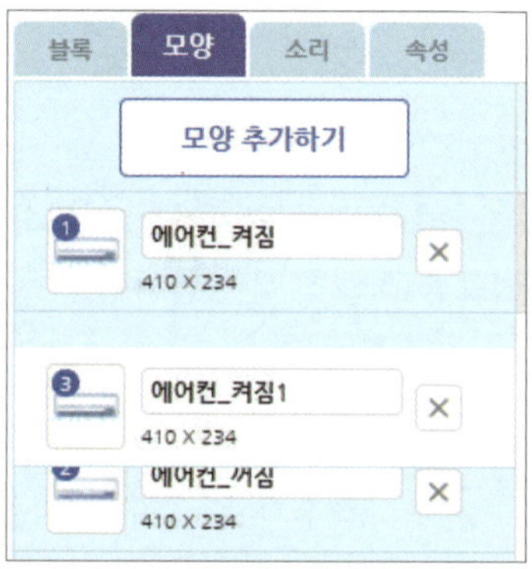

'에어컨_켜짐1', '에어컨_켜짐2', '에어컨_꺼짐' 3개의 모양이 만들어졌습니다. 항상 모양이나 오브젝트를 만들면 이름을 적절히 지어주어야 합니다.

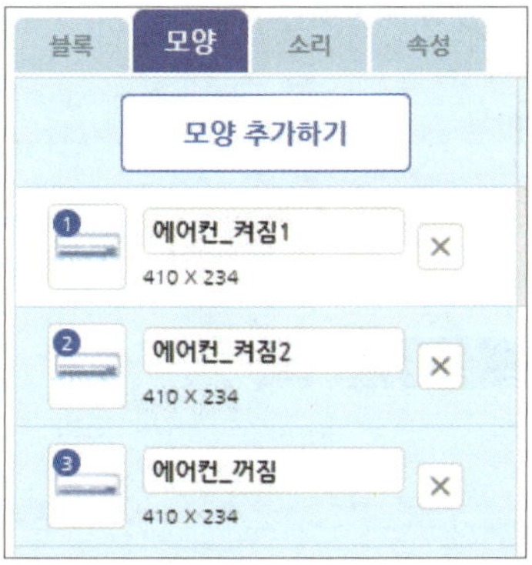

에어컨이 움직이는 애니메이션을 만들기 위해서는 2번째 모양을 적절히 바꾸어주어야 합니다. 에어컨이 작동되는 것을 알아보기 위해서는 오른쪽의 불빛이 초록불이 들어와야 하고, 에어컨 바람에 하늘색 솔이 날려야 합니다.

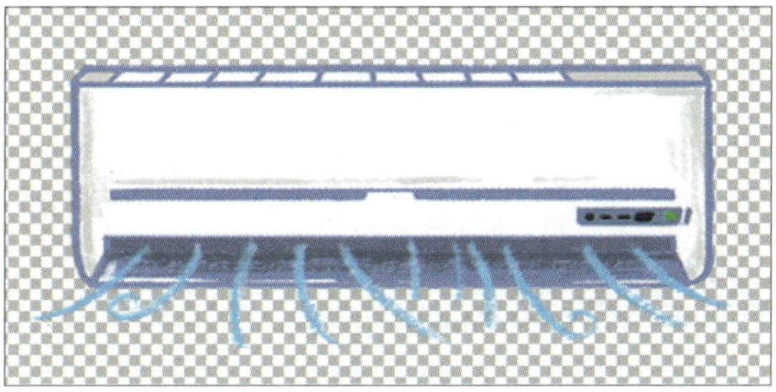

하늘색 솔이 살랑거리게 만들어야 합니다.

그림판에서 를 클릭하여 색연필을 선택합니다.

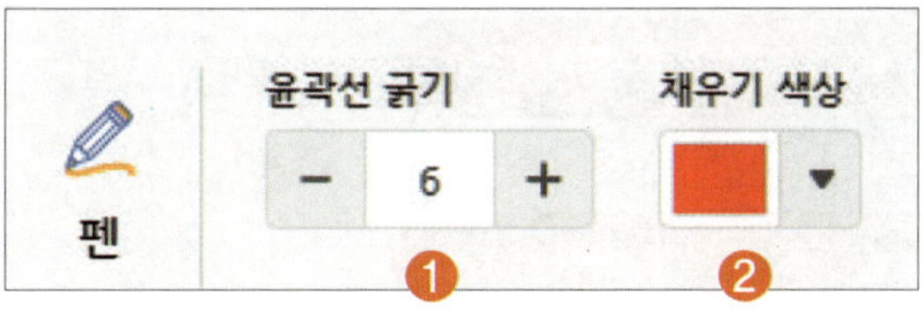

❶ 윤곽선의 굵기를 '6' 정도로 맞춥니다.

❷ 채우기 색을 바꾸기 위하여 채우기 색상 을 클릭합니다.

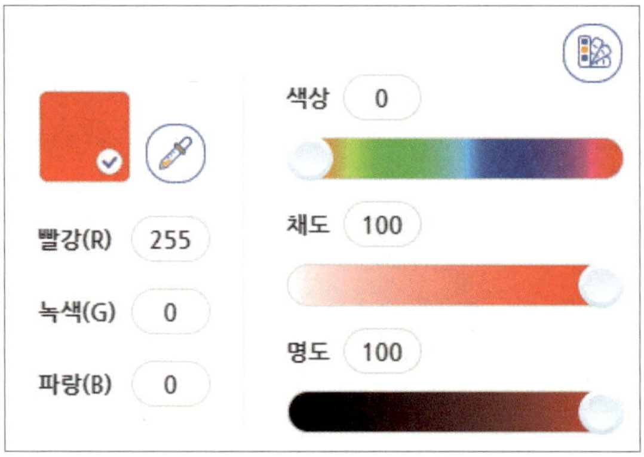
색상 0
채도 100
명도 100
빨강(R) 255
녹색(G) 0
파랑(B) 0

를 클릭하여 에어컨 솔에 가장 가까운 색을 찾습니다.

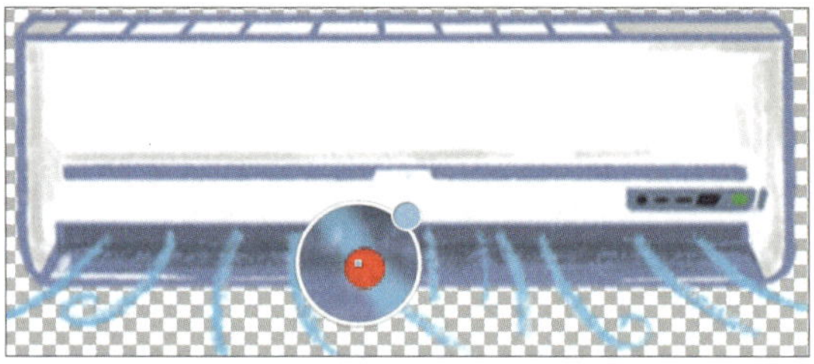

스포이드 기능은 주변색을 그대로 복사할 수 있어 매우 유용합니다.

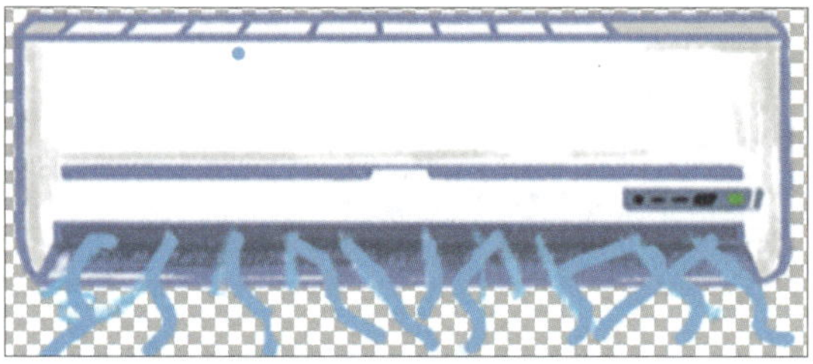

펜으로 에어컨 솔을 추가하여 더 그려넣습니다.

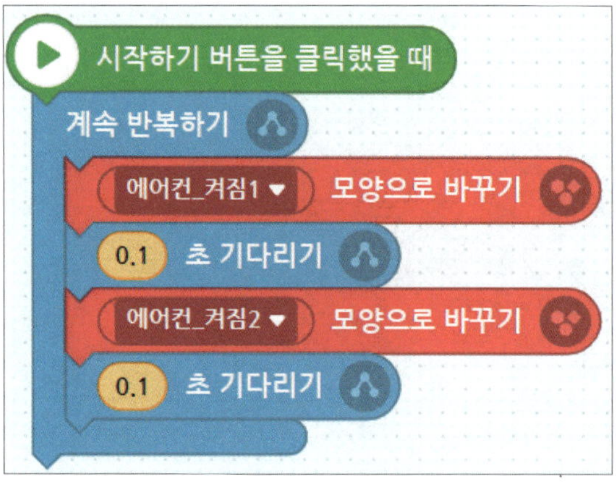
시작하기 버튼을 클릭했을 때
계속 반복하기
에어컨_켜짐1 모양으로 바꾸기
0.1 초 기다리기
에어컨_켜짐2 모양으로 바꾸기
0.1 초 기다리기

오브젝트 블록을 간단히 만들어 에어컨의 애니메이션이 정상적으로 작동하는지 확인합니다.

확인만 하고 삭제합니다.

2 AI 모델 학습하기

인공지능 모델 학습하기 로 인공지능 모델을 만듭니다.

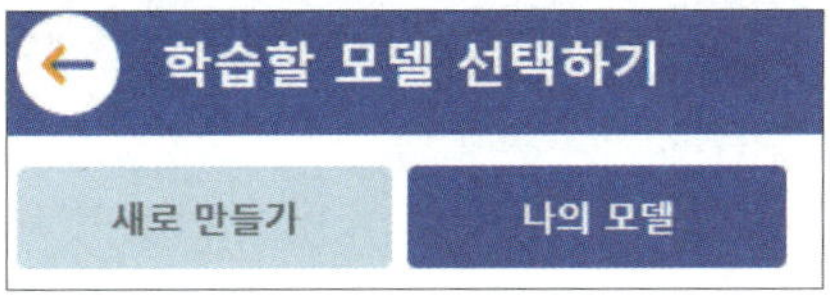
학습할 모델 선택하기
새로 만들기
나의 모델

새로 만들기 를 클릭하여 새로운 인공지능 모델을 만듭니다.

이번 퀘스트에서 새롭게 배울 AI 모형은 음성입니다.

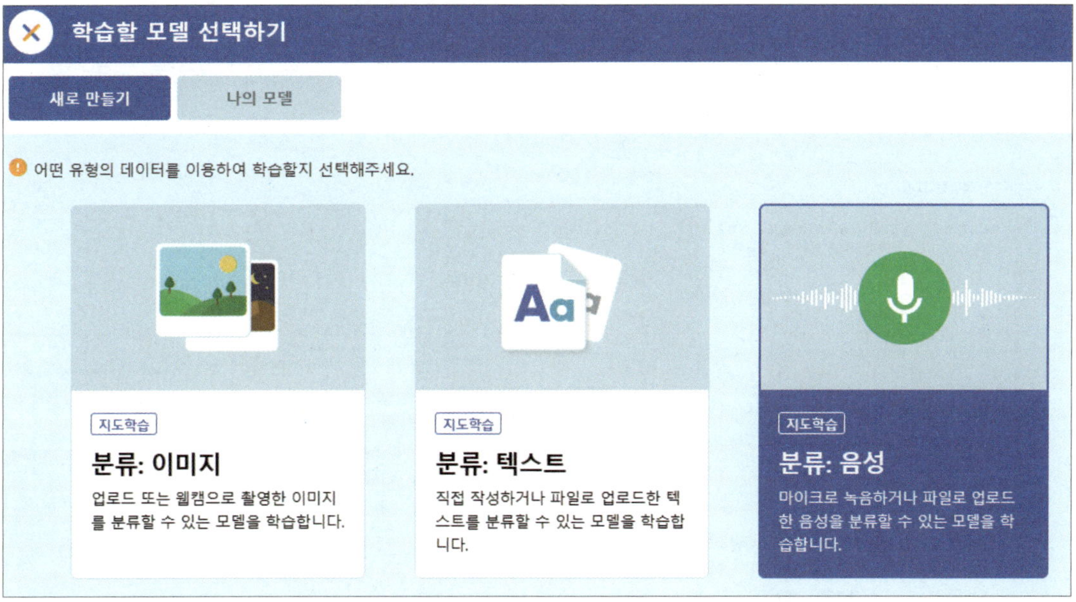
학습할 모델 선택하기
새로 만들기
나의 모델
어떤 유형의 데이터를 이용하여 학습할지 선택해주세요.
지도학습
분류: 이미지
업로드 또는 웹캠으로 촬영한 이미지를 분류할 수 있는 모델을 학습합니다.
지도학습
분류: 텍스트
직접 작성하거나 파일로 업로드한 텍스트를 분류할 수 있는 모델을 학습합니다.
지도학습
분류: 음성
마이크로 녹음하거나 파일로 업로드한 음성을 분류할 수 있는 모델을 학습합니다.

지도학습
분류: 음성
마이크로 녹음하거나 파일로 업로드한 음성을 분류할 수 있는 모델을 학습합니다.

음성 AI 학습은 마이크로 녹음하거나 녹음된 파일을 업로드하여 정한 분류대로 학습합니다.

모델 학습의 모델명은 '에어컨 조작'으로 정합니다. 2가지로 분류합니다. '에어컨 켜기', '에어컨 끄기'로 이름을 입력합니다.

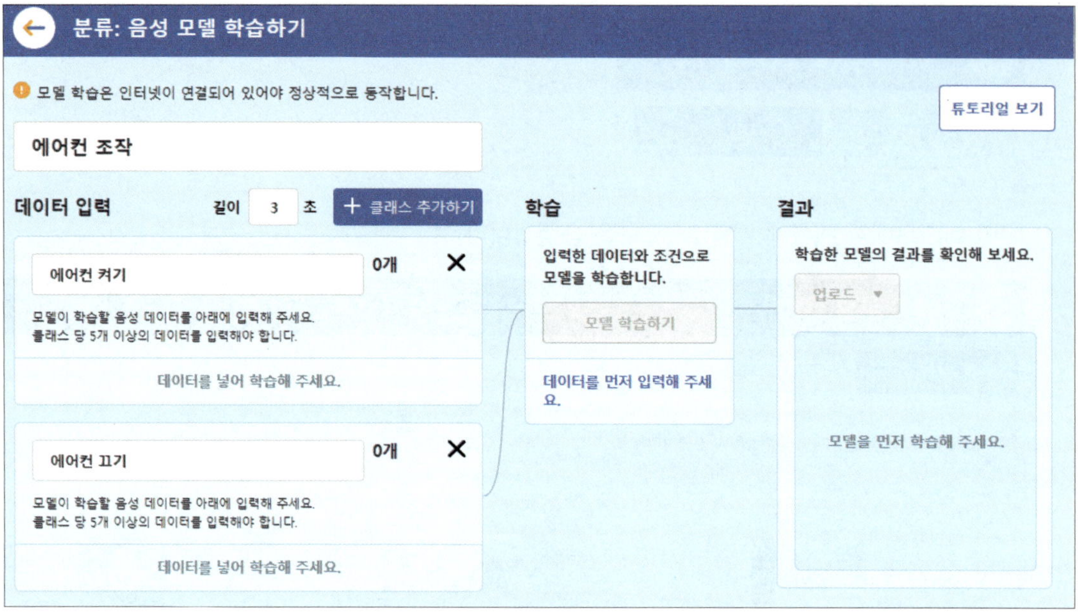
분류: 음성 모델 학습하기
모델 학습은 인터넷이 연결되어 있어야 정상적으로 동작합니다.
튜토리얼 보기
에어컨 조작
데이터 입력
길이 3 초
+ 클래스 추가하기
에어컨 켜기
0개
모델이 학습할 음성 데이터를 아래에 입력해 주세요.
클래스 당 5개 이상의 데이터를 입력해야 합니다.
데이터를 넣어 학습해 주세요.
에어컨 끄기
0개
모델이 학습할 음성 데이터를 아래에 입력해 주세요.
클래스 당 5개 이상의 데이터를 입력해야 합니다.
데이터를 넣어 학습해 주세요.
학습
입력한 데이터와 조건으로 모델을 학습합니다.
모델 학습하기
데이터를 먼저 입력해 주세요.
결과
학습한 모델의 결과를 확인해 보세요.
업로드
모델을 먼저 학습해 주세요.

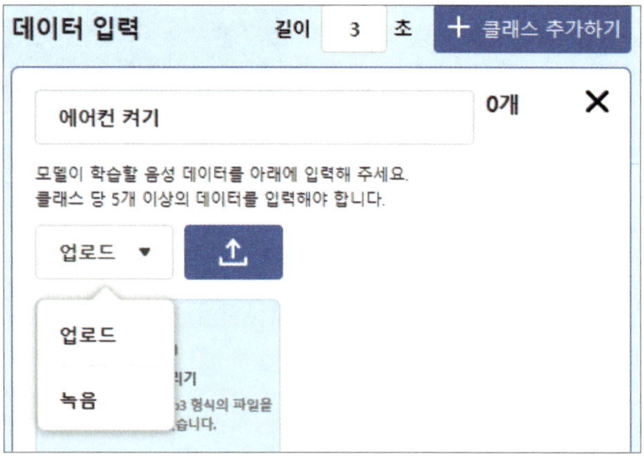
데이터 입력
길이 3 초
+ 클래스 추가하기
에어컨 켜기
0개
모델이 학습할 음성 데이터를 아래에 입력해 주세요.
클래스 당 5개 이상의 데이터를 입력해야 합니다.
업로드
업로드
녹음

데이터 입력 방식은 
업로드
녹음
2가지 방식으로 할 수 있습니다.

'업로드'는 녹음된 파일을 업로드합니다. '녹음'은 마이크로 직접 녹음을 하여 바로 업로드 하는 방식입니다. 본 퀘스트에서는 직접 '녹음'을 하여 올리는 방법을 사용하도록 하겠습니다.

❶ 녹음 ▾

녹음 기능을 선택합니다.

❷ 길이 2 초

'에어컨 켜줘'는 소리의 길이가 길지 않습니다. 따라서 소리의 길이를 2초로 맞춥니다.

녹음 ▾

녹음으로 분류되어 있는 것을 확인하고 버튼을 눌러 '에어컨 켜줘'라고 마이크에 소리내어 봅니다.

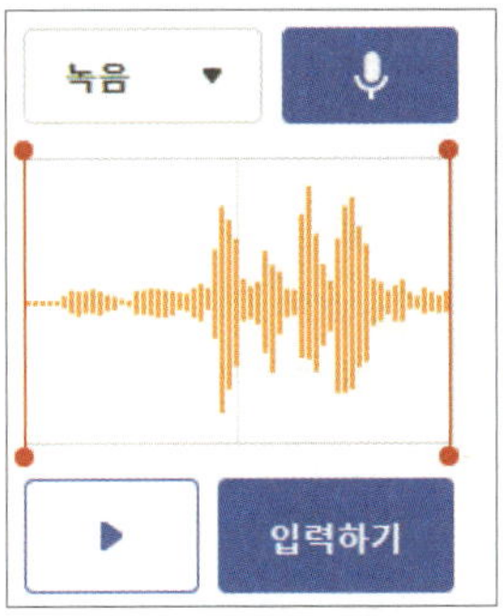

녹음이 완료되면 다음과 같은 화면이 나옵니다. ▶ 버튼을 클릭하여 녹음이 잘 실행되었는지 확인해봅니다. 녹음이 잘 되지 않았으면 를 클릭하여 다시 녹음하고, 녹음이 정상적으로 잘 되었으면 입력하기를 클릭하여 음성모델 데이터베이스에 저장합니다.

모델 학습은 인터넷이 연결되어 있어야 정상적으로 동작합니다.
튜토리얼 보기
에어컨 조작
데이터 입력
길이
2
초
+ 클래스 추가하기
학습
결과
에어컨 켜기
6개
모델이 학습할 음성 데이터를 아래에 입력해 주세요.
클래스 당 5개 이상의 데이터를 입력해야 합니다.
+1
입력한 데이터와 조건으로 모델을 학습합니다.
모델 학습하기
학습을 완료했습니다.
학습한 모델의 결과를 확인해 보세요.
업로드
파일 올리기
에어컨 끄기
5개
모델이 학습할 음성 데이터를 아래에 입력해 주세요.
클래스 당 5개 이상의 데이터를 입력해야 합니다.

AI 모델학습에서 데이터 예시는 다음과 같습니다. 음성의 억양(높낮이, 소리크기)를 달리하여 같은 낱말을 입력합니다. 비슷한 명령어를 가능하면 많이 입력하여 보다 똑똑한 AI 모형이 만들어지도록 합니다.

데이터 예시	에어컨 켜기	에어컨 켜줘, 에어컨 켜기, 더워, 더워요, 너무 덥다, 땀이 너무 나, 날씨가 더워, 아이구 더워, 시원하게 해줘
	에어컨 끄기	에어컨 꺼줘, 에어컨 끄기, 추워, 너무 추워요, 에어컨 꺼라, 겨울 날씨야, 추워죽겠네, 아이구 추워

✚ 다양한 사투리도 넣어 재미있게 명령어가 수행되는지 확인해보세요.

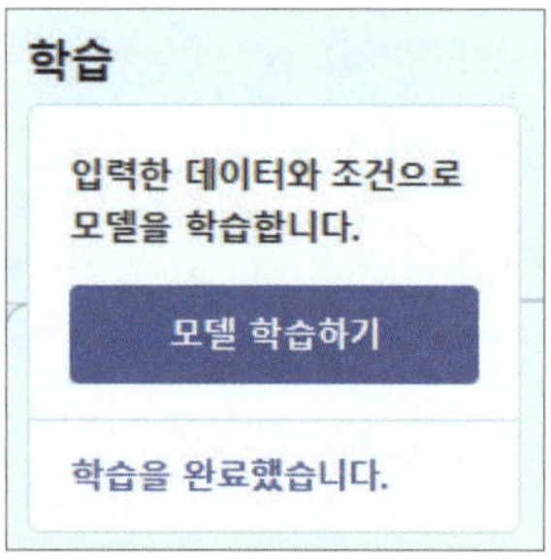
학습
입력한 데이터와 조건으로 모델을 학습합니다.
모델 학습하기
학습을 완료했습니다.

데이터 입력이 모두 끝났으면 [모델 학습하기]를 클릭하여 엔트리에 음성 모델을 학습시킵니다.

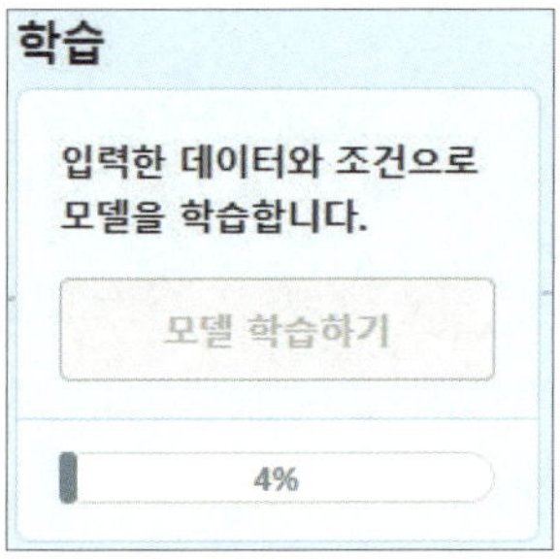

음성모델 학습 과정은 비교적 시간이 오래 걸립니다. 길게는 5분 이상이 걸릴 수도 있습니다.

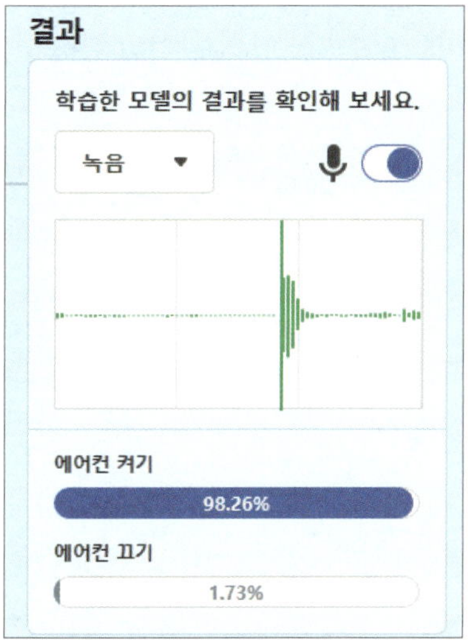

마이크 기능을 활성하여 학습한 모델의 결과를 확인해 보세요.

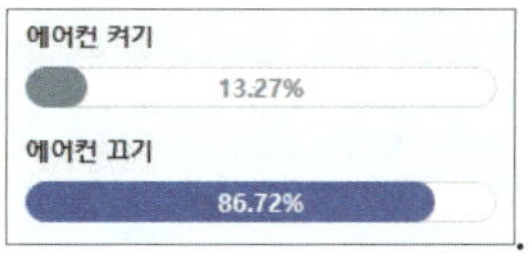

입력된 데이터가 많으면 많을수록 선택되는 확률이 높음을 알 수 있습니다.

3 AI 블록으로 에어컨 켜기

AI 모형을 적용하여 개발된 학습모델은 다음과 같습니다.

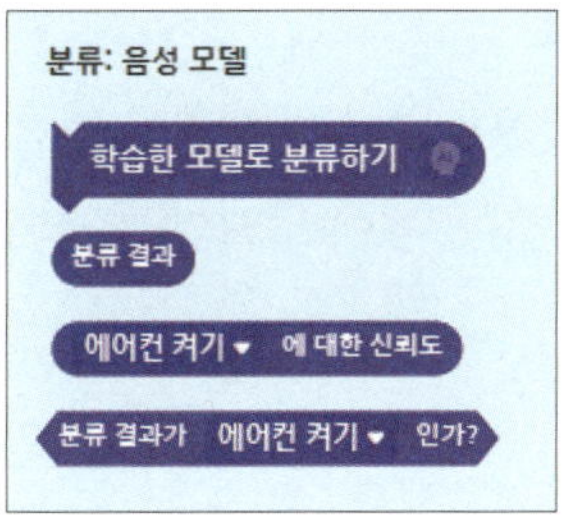

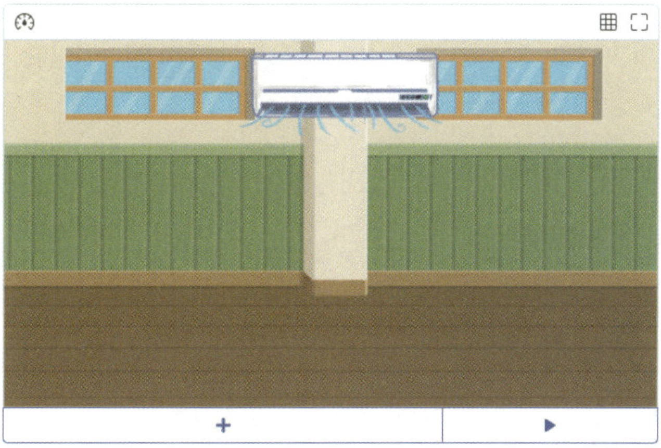

'실내체육관'에 에어컨을 가운데 걸어둡니다.

자, 그럼 AI 모델 블록을 활용하여 음성으로 인식하는 에어컨을 만들어보겠습니다.

'실내체육관' 오브젝트에 다음과 같이 블록을 만듭니다.

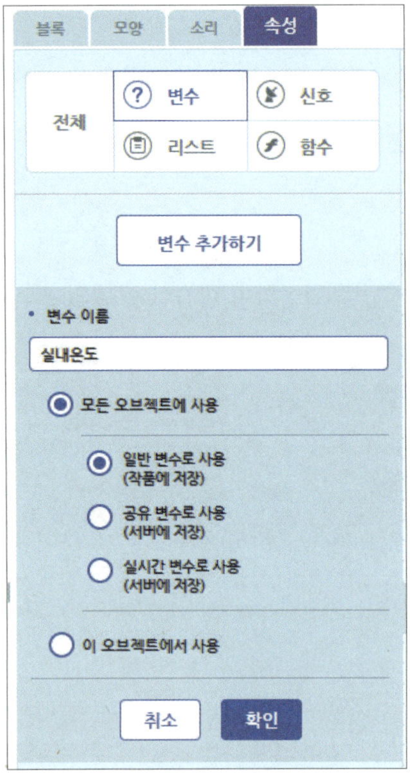

? 자료 블록의 변수 만들기 를 클릭하여 '실내온도' 변수를 만듭니다.

변수의 기본값을 '20'으로 합니다.

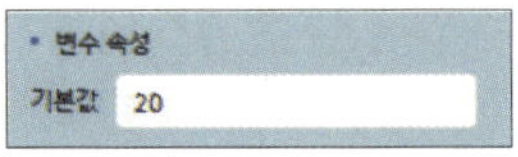

실내온도의 값이 높아지면 에어컨을 켤 수 있고, 실내온도가 낮아지면 에어컨을 끌 수 있는 명령이 들어갈 수 있도록 하겠습니다.

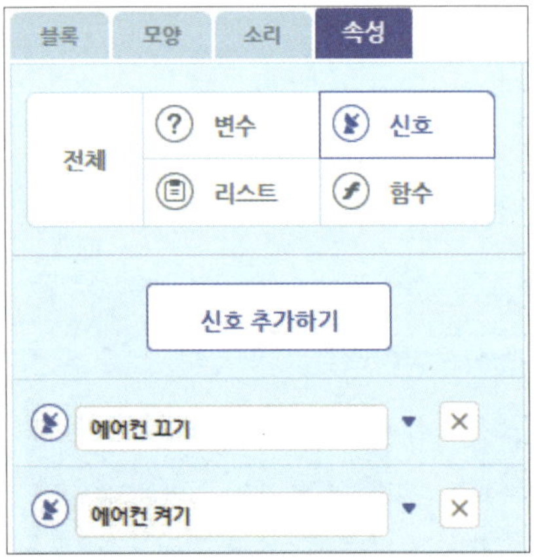

속성 탭에서 신호 를 선택하여 신호를 만듭니다.
이름을 '에어컨 켜기'라고 입력합니다.

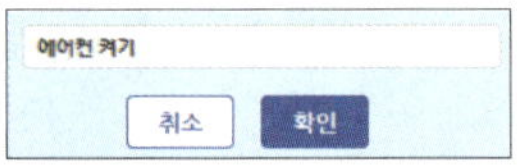

확인 을 클릭하여 '에어컨 켜기' 신호를 만듭니다.
신호 추가하기 를 클릭하여 '에어컨 끄기'를 추가합니다.

4 '미션실패!!!' 블록 만들기 가

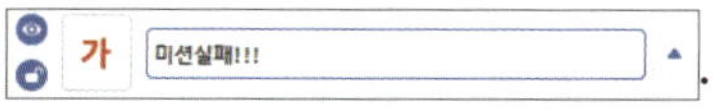

. '글상자'를 만들어 '미션실패!!!'라고 입력합니다.

. '글상자'를 만들어 '미션실패!!!'라고 입력합니다.

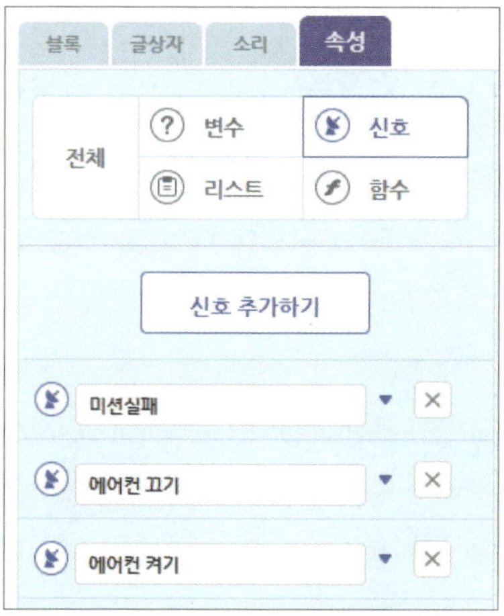

속성 탭에서 신호 를 클릭하여 '미션실패' 신호를 추가합니다.

실내 온도가 지나치게 높거나, 낮으면 미션실패 신호가 발생하도록 설정합니다.

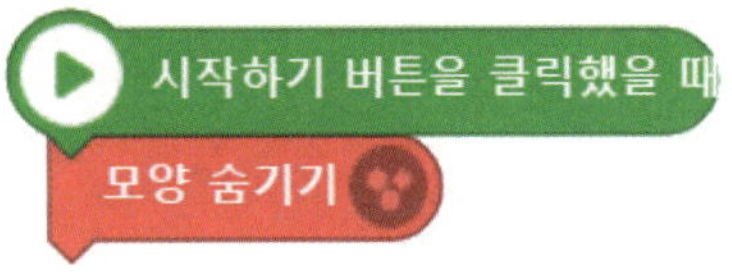

시작하기 버튼을 클릭했을 때
모양 숨기기

처음부터 '미션실패'가 보이면 안됩니다.

생김새 에서 시작하기 버튼을 클릭했을 때 에는 모양 숨기기 를 미션실패 신호를 받았을 때 에는 모양 보이기 가 실행되도록 합니다.

미션실패 신호를 받았을 때
모양 보이기

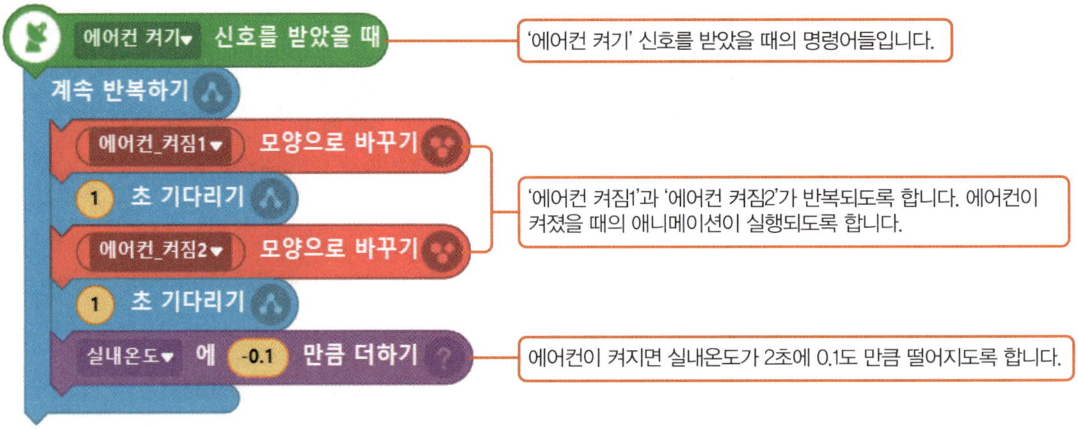

에어컨 켜기 신호를 받았을 때
계속 반복하기
에어컨_켜짐1 모양으로 바꾸기
1 초 기다리기
에어컨_켜짐2 모양으로 바꾸기
1 초 기다리기
실내온도 에 -0.1 만큼 더하기
'에어컨 켜기' 신호를 받았을 때의 명령어들입니다.
'에어컨 켜짐1'과 '에어컨 켜짐2'가 반복되도록 합니다. 에어컨이 켜졌을 때의 애니메이션이 실행되도록 합니다.
에어컨이 켜지면 실내온도가 2초에 0.1도 만큼 떨어지도록 합니다.

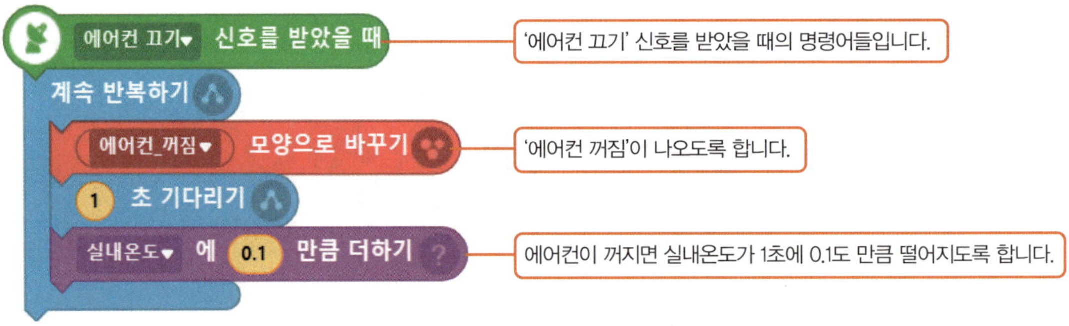

에어컨 끄기 신호를 받았을 때
계속 반복하기
에어컨_꺼짐 모양으로 바꾸기
1 초 기다리기
실내온도 에 0.1 만큼 더하기
'에어컨 끄기' 신호를 받았을 때의 명령어들입니다.
'에어컨 꺼짐'이 나오도록 합니다.
에어컨이 꺼지면 실내온도가 1초에 0.1도 만큼 떨어지도록 합니다.

하지만, '에어컨 켜기' 신호나 '에어컨 끄기' 신호를 받았을 때 다른 신호로 넘어갈 수 있는 명령어가 없습니다. 그래서, 한번만 명령을 실행할 수밖에 없게 됩니다.

그래서, 다른 명령이 실행되면 넘어갈 수 있는 조건문이 있는 명령어가 있어야 합니다. 다음과 같이 새로운 블록을 넣습니다.

에어컨 켜기 신호를 받았을 때 의 반복문 안에 아래의 블록을 포함시켜서 '에어컨 끄기' 신호로 넘어갈 수 있도록 합니다.

만일 분류 결과가 에어컨 끄기 인가? (이)라면
에어컨 끄기 신호 보내기

블록에서 분류 결과가 에어컨 끄기 인가? 를 조건문 안에 넣습니다.

에어컨 끄기 신호를 받았을 때 의 반복문 안에 아래의 블록을 포함시켜서 '에어컨 켜기' 신호로 넘어갈 수 있도록 합니다.

만일 분류 결과가 에어컨 켜기 인가? (이)라면
에어컨 켜기 신호 보내기

블록에서 분류 결과가 에어컨 켜기 인가? 를 조건문 안에 넣습니다.

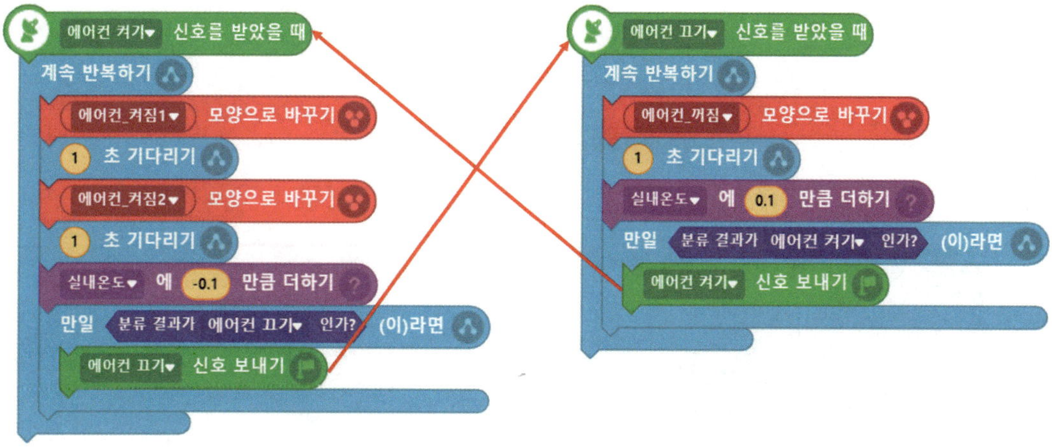
에어컨 켜기 신호를 받았을 때
계속 반복하기
에어컨_켜짐1 모양으로 바꾸기
1 초 기다리기
에어컨_켜짐2 모양으로 바꾸기
1 초 기다리기
실내온도 에 -0.1 만큼 더하기
만일 분류 결과가 에어컨 끄기 인가? (이)라면
에어컨 끄기 신호 보내기
에어컨 끄기 신호를 받았을 때
계속 반복하기
에어컨_꺼짐 모양으로 바꾸기
1 초 기다리기
실내온도 에 0.1 만큼 더하기
만일 분류 결과가 에어컨 켜기 인가? (이)라면
에어컨 켜기 신호 보내기

'에어컨 켜기'와 '에어컨 끄기'의 신호는 두 개의 블록 사이에서 조건인 분류 결과가 에어컨 켜기 인가? 분류 결과가 에어컨 끄기 인가? 에 따라 명령 신호가 오고 가게 됩니다.

실내 온도가 너무 높거나, 너무 낮으면 명령이 제대로 입력이 되지 않아 실패한 미션이 됩니다. 앞에서 숨김 처리를 한 가 미션실패!!! 오브젝트를 활성화할 조건문을 만듭니다.

40 < 실내온도 값 또는 실내온도 값 < 0

다소 복잡해 보이는 조건 블록은 '실내온도가 40도 보다 크거나, 0도 보다 작다면'이라는 뜻입니다. 즉, 1도에서 39도 까지는 정상적으로 미션이 성공적으로 수행되고 있다는 것이 되겠습니다.

조건 블록을 조건문 안에 넣었습니다. 조건에 해당되면 [미션실패▾ 신호 보내기] 를 실행하여 '미션실패' 오브젝트가 실행되도록 합니다. [모든▾ 코드 멈추기] 가 실행되어 프로그램이 종료되도록 합니다.

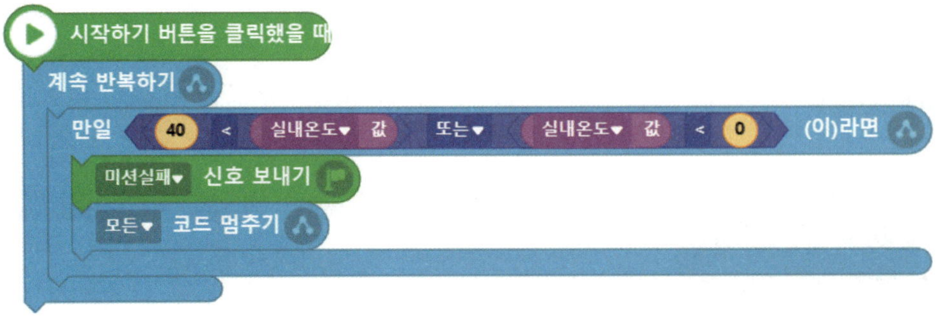

시작하기 버튼을 클릭했을 때
계속 반복하기
만일 40 < 실내온도▾ 값 또는▾ 실내온도▾ 값 < 0 (이)라면
미션실패▾ 신호 보내기
모든▾ 코드 멈추기

6 AI 학습모델 블록 입력하기

AI 모델 만든 블록들을 입력할 수 있도록 하겠습니다.

항시 입력하는 것이 아닌 [스페이스▾ 키를 눌렀을 때] 스페이스 키를 눌렀을 때 음성 인식 대기가 되도록 하겠습니다.

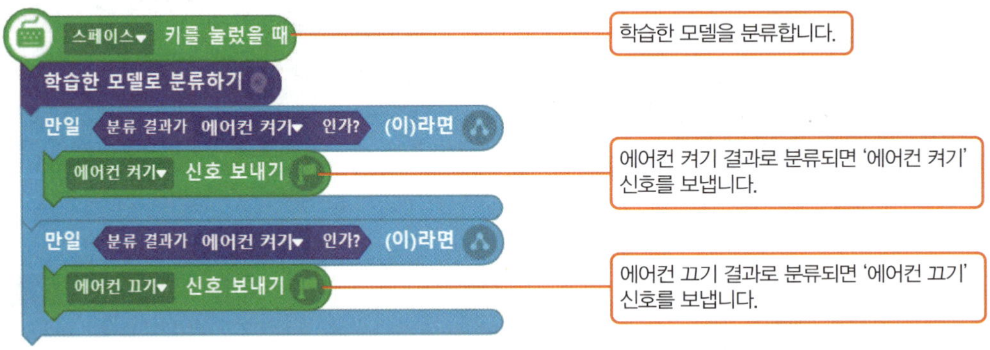

스페이스▾ 키를 눌렀을 때
학습한 모델로 분류하기
만일 분류 결과가 에어컨 켜기▾ 인가? (이)라면
에어컨 켜기▾ 신호 보내기
만일 분류 결과가 에어컨 켜기▾ 인가? (이)라면
에어컨 끄기▾ 신호 보내기
학습한 모델을 분류합니다.
에어컨 켜기 결과로 분류되면 '에어컨 켜기' 신호를 보냅니다.
에어컨 끄기 결과로 분류되면 '에어컨 끄기' 신호를 보냅니다.

7 AI 음성인식 실행하기

음성 인식을 통하여 에어컨을 켜고 끄도록 실행합니다.

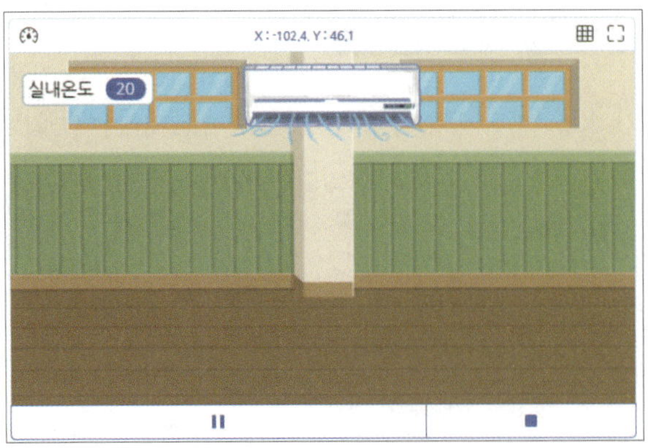

X : -102.4, Y : 46.1
실내온도 20

[▶] 실행버튼을 눌러 프로그램을 실행합니다. 실행하면 프로그램의 아무런 응답이 없습니다.

에어콘의 작동은 [스페이스▾ 키를 눌렀을 때] 작동이 가능하도록 했기 때문에 키보드의 스페이스를 눌러야 음성인식 대기 상태가 됩니다. 스페이스 키를 눌러 음성인식을 실행합니다.

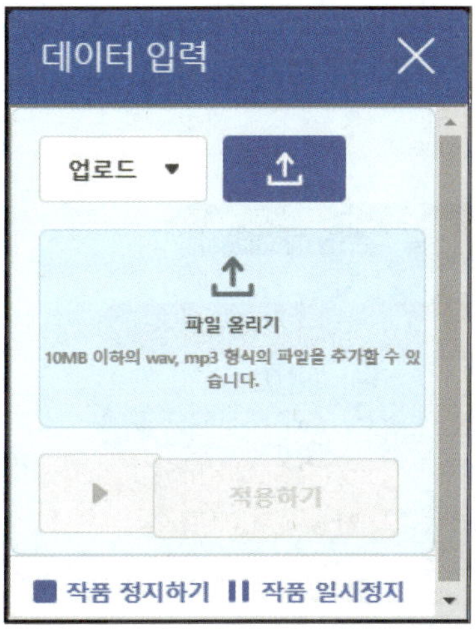

음성 인식 대기 화면이 뜹니다. 데이터를 입력 받아 AI 블록으로 보내게 됩니다.

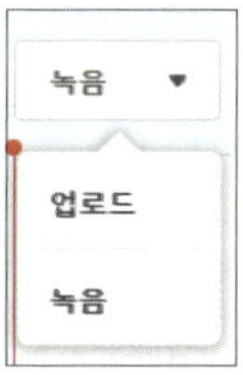

❶ 음성인식 방법이 '업로드', '녹음'의 2가지 방법 중에 '녹음'을 선택합니다.

❷ '업로드'는 데이터를 wav, mp3 형식의 파일을 업로드 하는 방법이고, '녹음'은 직접 마이크로 녹음하는 방법입니다.

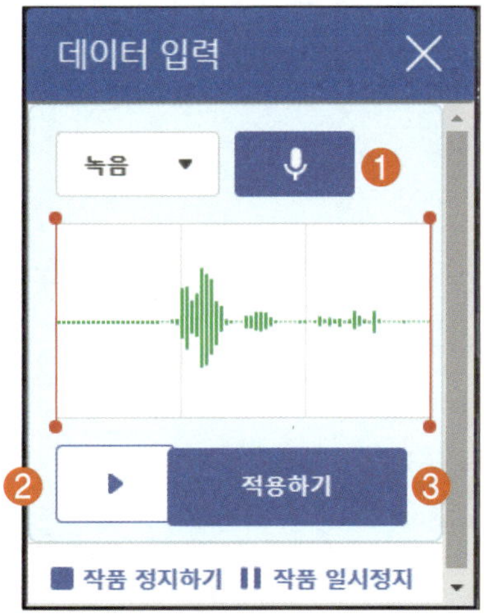

❶ 버튼을 눌러 녹음을 시작합니다. 주변의 잡음이 없어야 합니다.

❷ 버튼을 눌러 녹음이 정상적으로 되었는지 확인합니다.

❸ 적용하기 를 누르면 음성이 입력되어 프로그램이 실행됩니다.

전체 블록

'에어컨' 오브젝트

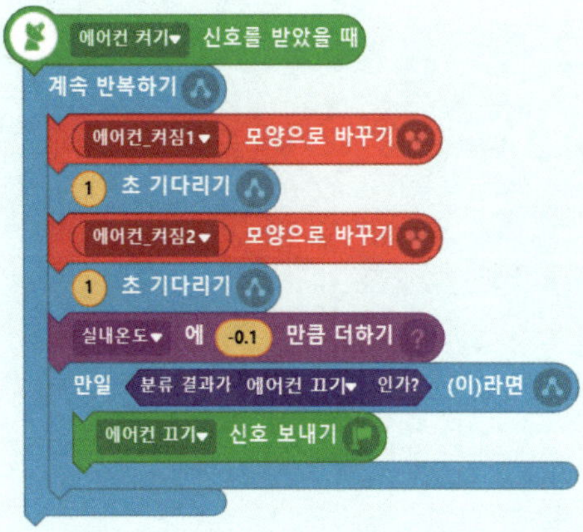

에어컨 켜기▾ 신호를 받았을 때
계속 반복하기
에어컨_켜짐1▾ 모양으로 바꾸기
1 초 기다리기
에어컨_켜짐2▾ 모양으로 바꾸기
1 초 기다리기
실내온도▾ 에 -0.1 만큼 더하기
만일 분류 결과가 에어컨 끄기▾ 인가? (이)라면
에어컨 끄기▾ 신호 보내기

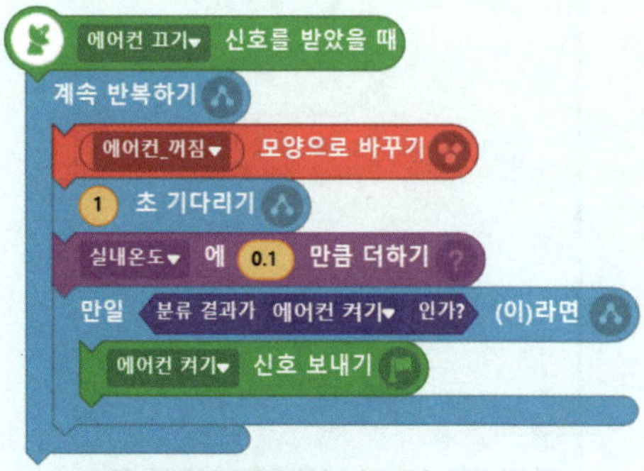

에어컨 끄기▾ 신호를 받았을 때
계속 반복하기
에어컨_꺼짐▾ 모양으로 바꾸기
1 초 기다리기
실내온도▾ 에 0.1 만큼 더하기
만일 분류 결과가 에어컨 켜기▾ 인가? (이)라면
에어컨 켜기▾ 신호 보내기

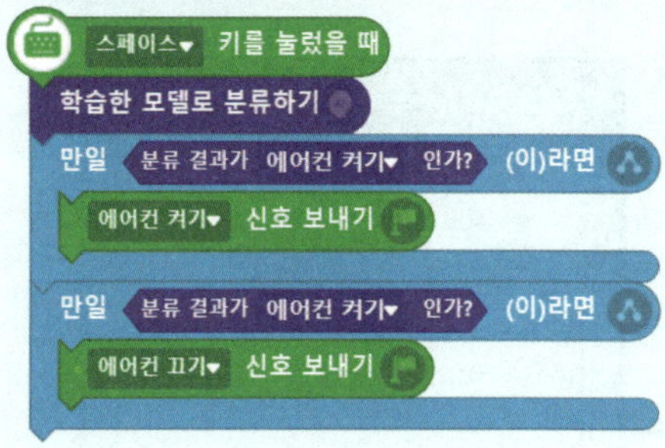

스페이스▾ 키를 눌렀을 때
학습한 모델로 분류하기
만일 분류 결과가 에어컨 켜기▾ 인가? (이)라면
에어컨 켜기▾ 신호 보내기
만일 분류 결과가 에어컨 켜기▾ 인가? (이)라면
에어컨 끄기▾ 신호 보내기

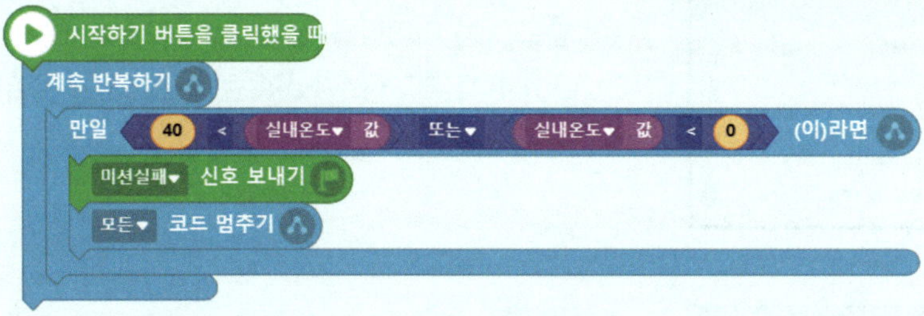

시작하기 버튼을 클릭했을 때
계속 반복하기
만일 40 < 실내온도▾ 값 또는▾ 실내온도▾ 값 < 0 (이)라면
미션실패▾ 신호 보내기
모든▾ 코드 멈추기

'미션실패!!!' 오브젝트

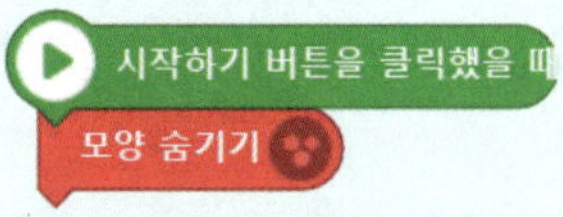

시작하기 버튼을 클릭했을 때
모양 숨기기

미션실패▾ 신호를 받았을 때
모양 보이기

실행화면

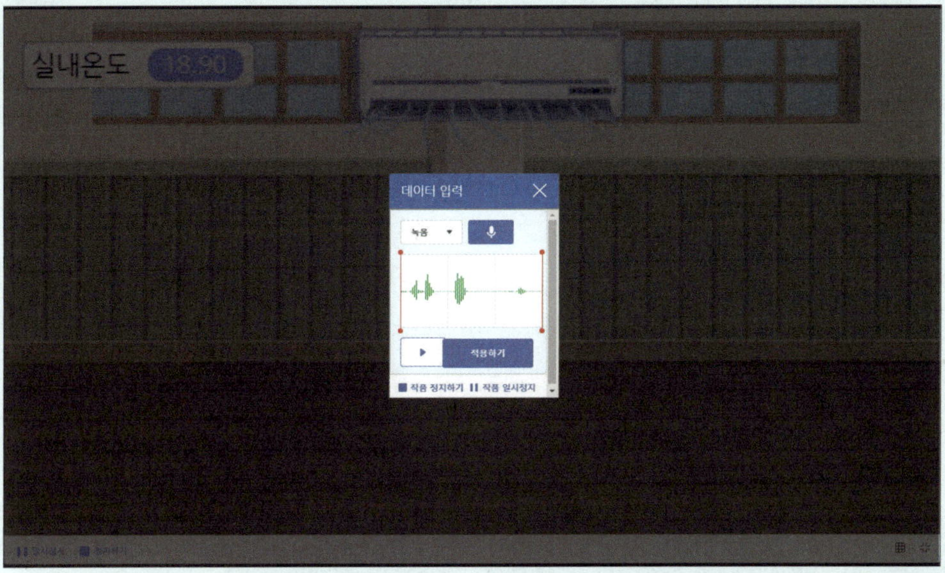

Qz 퀴즈

Q. 음성인식 AI 모형의 분류 정확도를 높이는 방법이 아닌 것은?

① 주변의 잡음이 적어야 한다.

② 가급적 많은 방법, 음성으로 입력이 되어야 한다.

③ 정확하게 2~3개의 음성만 입력되면 된다.

④ 음성 인식 방법은 녹음, 업로드로 하는 2가지 방법이 있다.

⑤ 음성 데이터는 최소한 5개 이상은 입력되어야 한다.

정답 : ③

Quest 14

Quest 14 똑똑한 눈을 만들자!

음성으로 기계들을 작동하는 데 성공하였다. 하지만, AI스쿨바이러스는 손쉽게 에어컨을 끄고, 조명을 껐다. 아이들은 목소리로 다시 명령을 내리지만 AI스쿨바이러스는 곧 꺼져 버렸다. 교수님에게 도움을 청한 제이는 손짓으로 명령을 내릴 수 있는 새로운 방법을 제안받는다. 손짓으로 명령을 내린다니.. 아이들은 회의적이지만 새로운 AI 모형에 도전하는데..

팟— 팟— 팟— 팟—
이게 무슨 일이야?...
스위치가 작동하지 않아! 불이 전혀 켜지지 않네!
딸깍— 딸깍—
AI바이러스가 시스템에 깊숙히 침투했구나! 그럼 AI 모형에 동작 기능을 더 해야 해!
...
그래! 동작 감지가 가능한 AI 모형을 개발해 AI백신봇에 넣어야지! AI 백신봇! 이제 우리 새로운 것을 배우자!
역시
옛썰!
척!
탁 탁

시리, 빅스비 등의 AI는 음성으로 인식하지만, 이번 퀘스트에서 만들 AI는 사물을 직접 눈으로 인식하는 AI입니다. 더 똑똑한 AI 프로그램을 제작하는 것이지요. 앞서가는 AI 바이러스를 잡기 위해서는 AI 백신봇에 사물 인식 기능을 추가해야 해요. 이번 퀘스트를 훌륭하게 완수하여 AI 백신봇을 똑똑하게 만들길 바랍니다.

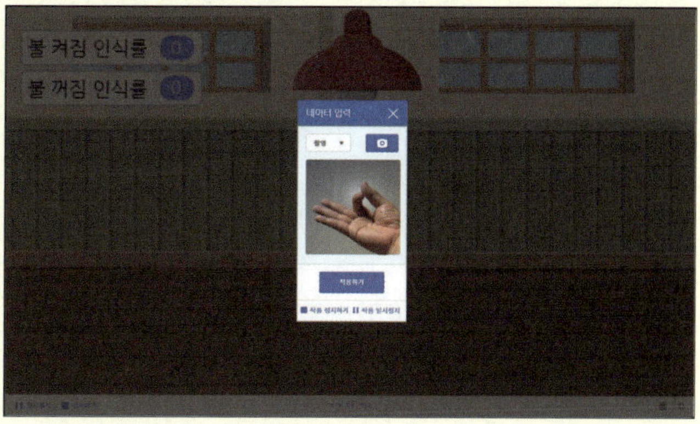

1 오브젝트 구성하기

'오브젝트 추가하기'에서 '실내 체육관'을 불러옵니다.

전등 'オ브젝트 추가하기'에서 전등을 검색하여 추가합니다. 체육관의 중앙에 전등 오브젝트를 적절히 배치합니다.

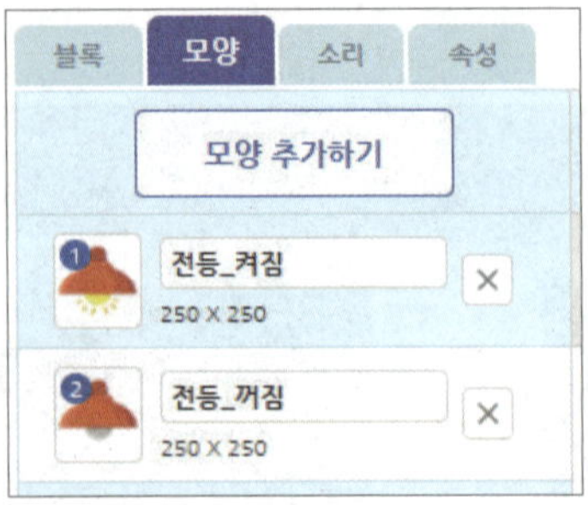

전등의 모양 탭에서 모양은 2가지로 되어 있습니다. '전등_켜짐', '전등_꺼짐'으로 이름을 지어줍니다.

2 AI 모델 학습하기

인공지능 모델 학습하기 로 AI 모델을 만듭니다.

새로 만들기 를 클릭하여 새로운 AI 모델을 만듭니다.

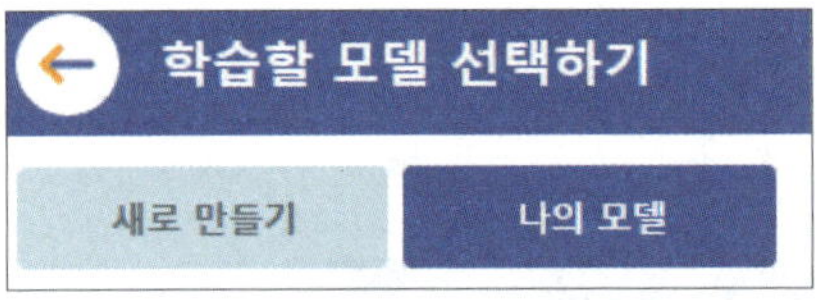

학습할 모델에서 '분류: 이미지'를 선택합니다. 이미지 AI 학습을 위해서는 웹캠이 연결되어 있어야 합니다.

학습하기 를 클릭하여 '이미지 모델학습하기'를 시작합니다.

웹캠이 정상적으로 연결되어 있는지 확인합니다. 윈도우 운영체제에서는 카메라 앱을 실행하여 잘 작동하는지 확인이 가능합니다.

윈도우의 설정-장치에서 웹캠의 연결상이 된 것을 확인할 수 있습니다.

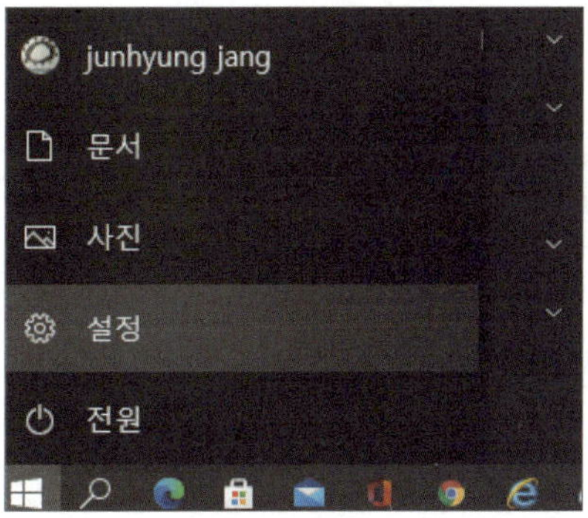

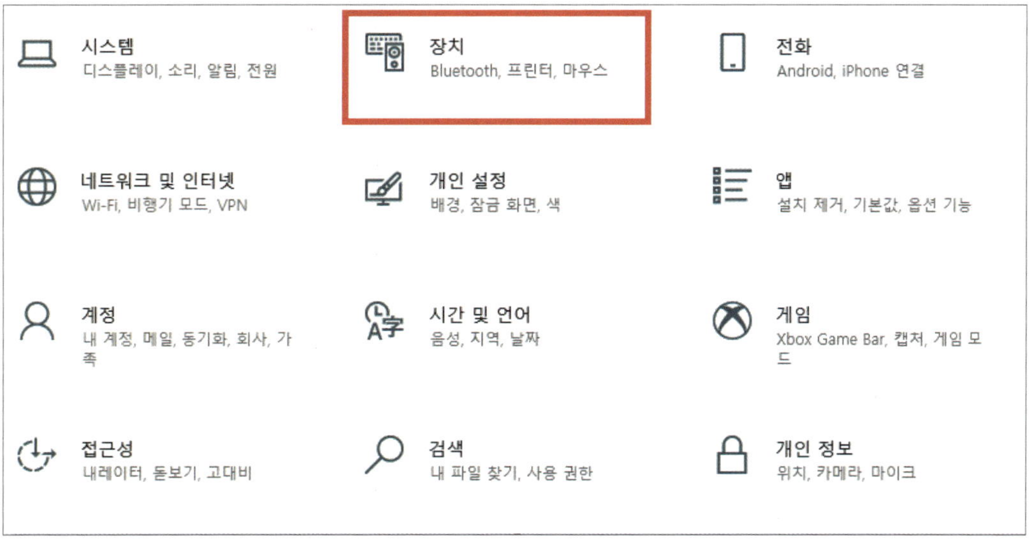

카메라가 정상적으로 연결된 것을 확인할 수 있습니다. 카메라가 보이지 않으면 카메라 연결을 재시도 또는 제품을 바꾸어 봅니다.

카메라 장치의 이름은 제품에 따라 다를 수 있습니다.

AI 모델의 이름은 '전등작동'으로 데이터의 클래스는 '전등켜기', '전등끄기' 2개를 만듭니다.

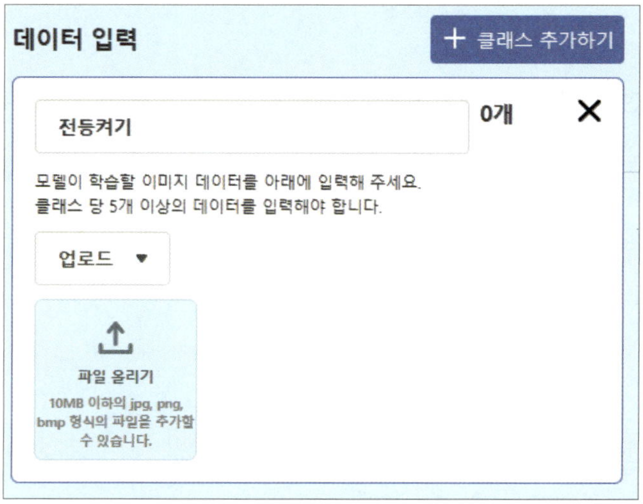

'전등켜기' 클래스의 데이터를 입력합니다.

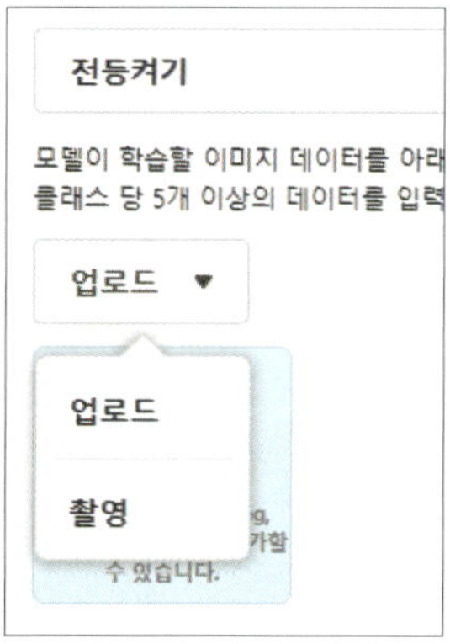

데이터 입력은 '업로드', '촬영'의 2가지 방법으로 할 수 있습니다.

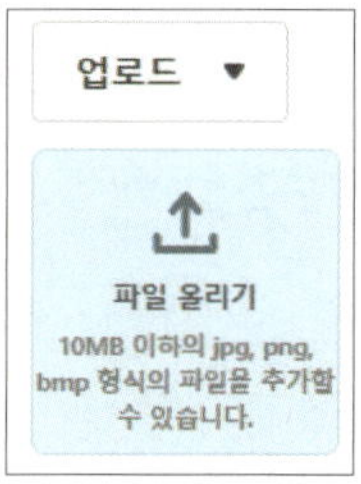

업로드 방식은 10mb 이하의 jpg, png, bmp 파일의 형식으로 올릴 수 있습니다. 고해상도 스마트폰의 이미지의 경우 10mb가 넘는 경우가 있습니다. 이럴 경우에는 용량을 줄여서 올려야 합니다.

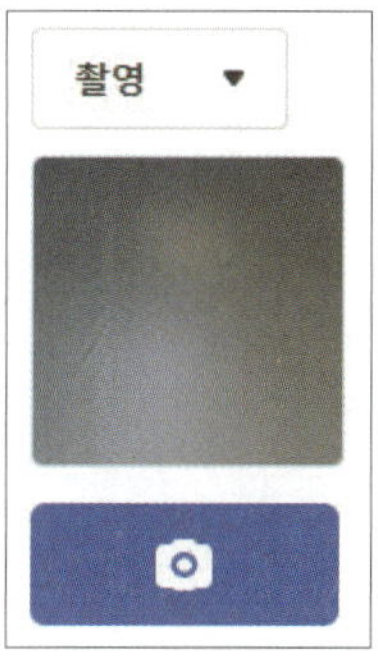

촬영 방식은 컴퓨터에 연결되어 있는 웹캠을 활용하여 직접 입력할 수 있습니다. 이번 퀘스트에서는 촬영 방식을 활용하도록 하겠습니다.

❸ 데이터 입력하기

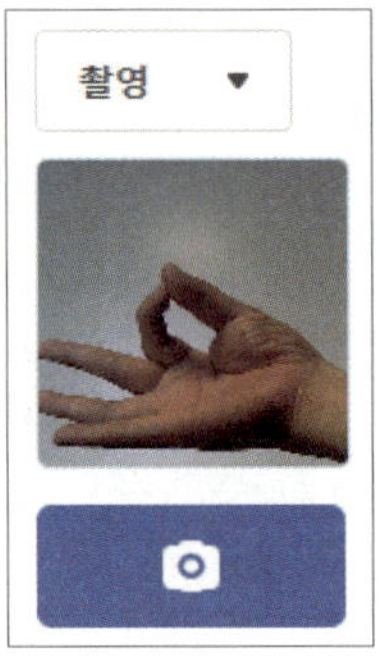
촬영

전등을 켜는 손신호는 엄지와 검지를 둥글게 마는 모양으로 정하였습니다. 여러분도 나름대로 신호를 정합니다.

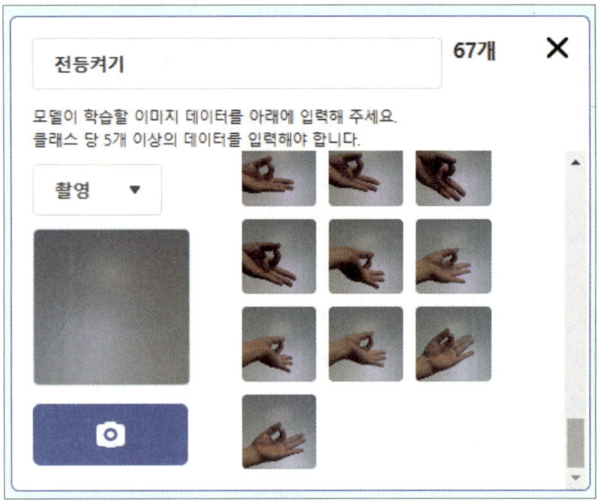
전등켜기
67개
모델이 학습할 이미지 데이터를 아래에 입력해 주세요.
클래스 당 5개 이상의 데이터를 입력해야 합니다.
촬영

데이터를 여러 각도로 입력합니다. 배경을 다르게 하면 다른 배경에 따른 정확도가 올라갑니다. 가급적 많은 각도로 찍어 올려야 합니다.

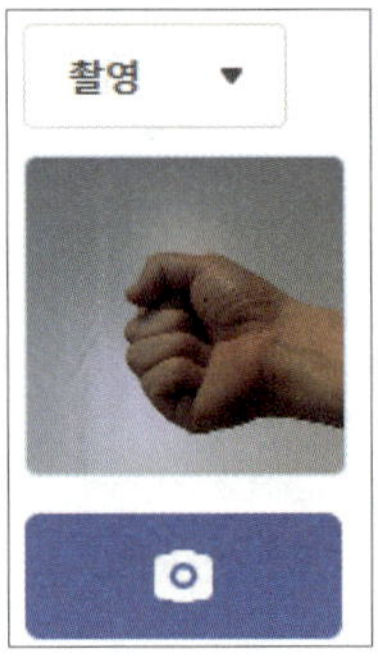
촬영

전등을 끄는 손신호를 주먹을 쥐는 모양으로 하였습니다. 본 퀘스트에서는 왼손 주먹을 사용하였습니다. 양손의 데이터를 원하면 양손을 번갈아 입력하면 되겠습니다.

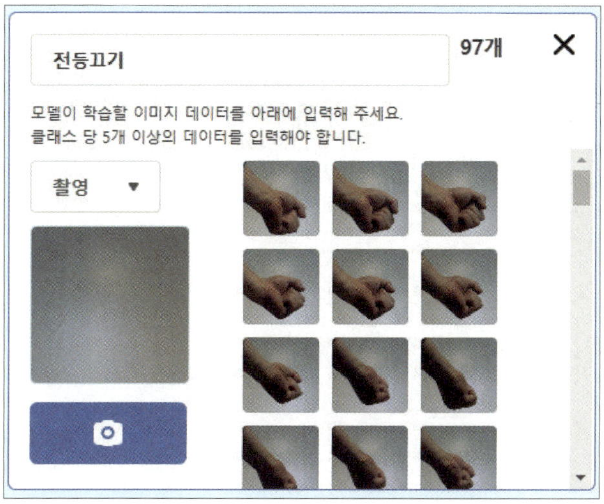

주먹쥔 사진을 여러 각도로 찍어 입력하였습니다.

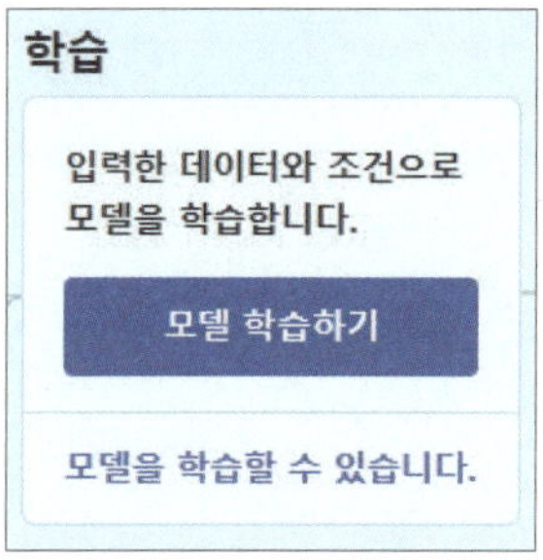

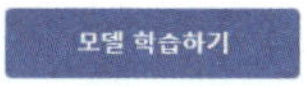

를 클릭하여 이미지 모델 학습하기를 실행합니다.

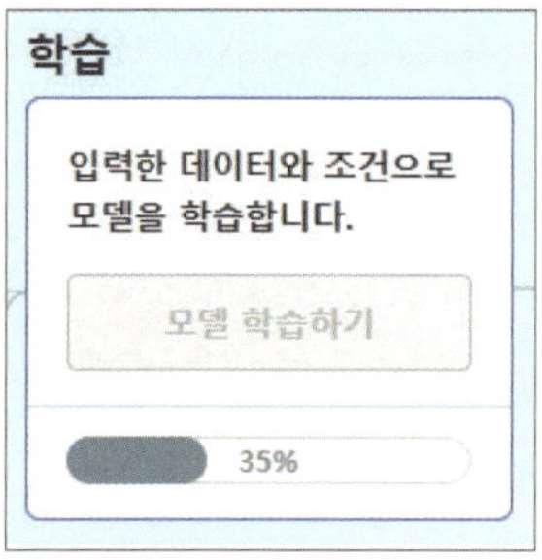

이미지 모델 학습하기는 데이터의 양에 따라 많은 시간이 걸릴 수 있습니다. 웹캠이 아닌 용량이 많은 이미지 파일일 경우에는 수 분이 걸립니다.

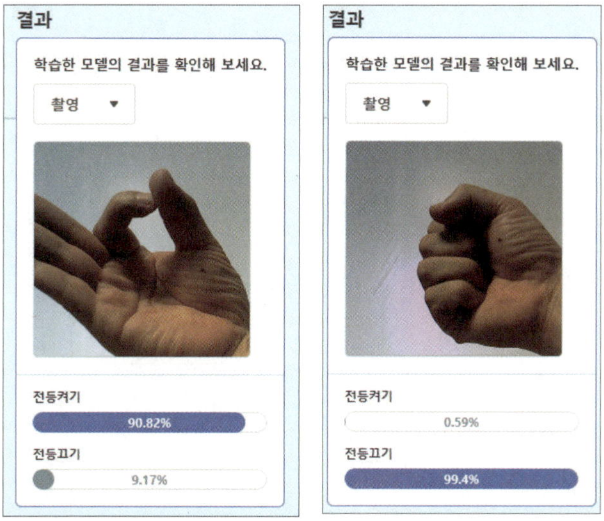

학습한 모델의 결과가 제대로 분류되는지 확인하고 정확하지 않으면 보다 많은 사진을 업로드 합니다.

4 체육관 배경 코딩하기

배경이 되는 실내체육관에 조명이 켜지면 전체적으로 환해지고, 꺼지면 어두워지는 코딩을 합니다.

블록
모양
소리
속성
전체
변수
신호
리스트
함수
신호 추가하기
불 켜짐
불 꺼짐

속성 탭에서 '불 켜짐', '불 꺼짐' 2개의 신호를 추가합니다.

불 켜짐 신호를 받았을 때
밝기 효과를 0 (으)로 정하기
불 꺼짐 신호를 받았을 때
밝기 효과를 -100 (으)로 정하기

생김새

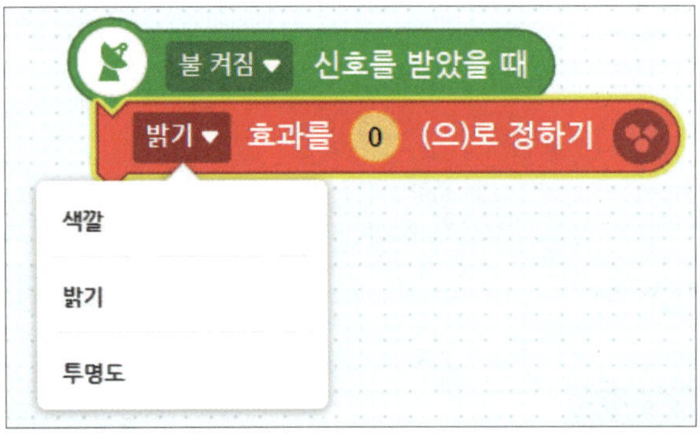
불 켜짐 신호를 받았을 때
밝기 효과를 0 (으)로 정하기
색깔
밝기
투명도

❶ 효과를 '밝기'로 선택하고 효과의 크기를 '0'으로 정합니다.

❷ 밝기 '0'이면 밝기의 효과가 전혀 없는 보통화면이 됩니다.

 를 추가합니다.

'불 꺼짐' 신호로 변경하고, 밝기의 효과를 '−100'으로 정합니다. −100이면 어두운 배경으로 변합니다.

5 '전등' 오브젝트 코딩하기

불 켜짐 신호를 받았을 때
전등_켜짐 모양으로 바꾸기

불 꺼짐 신호를 받았을 때
전등_꺼짐 모양으로 바꾸기

전등 오브젝트에 '불 켜짐' 신호를 받았을 때 불이 켜지고 '불 꺼짐' 신호를 받았을 때 불이 꺼지도록 코딩합니다.

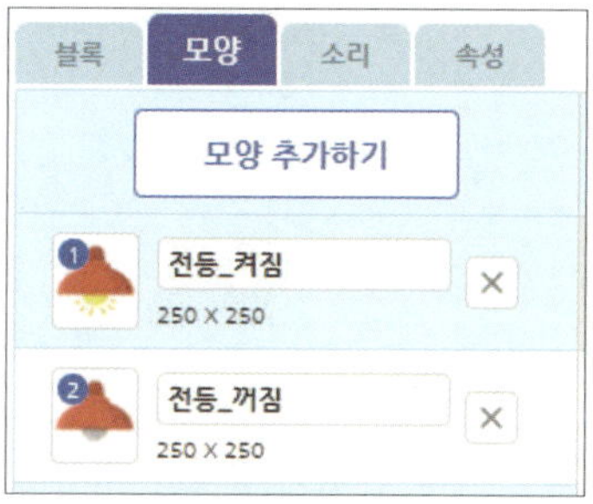
블록
모양
소리
속성
모양 추가하기
전등_켜짐
250 X 250
전등_꺼짐
250 X 250

신호에 따라 '전등_켜짐', '전등_꺼짐' 으로 모양이 변화합니다.

6 AI 코딩 입력 코딩하기

AI 코딩을 할 수 있도록 입력을 받아 '불 켜짐', '불 꺼짐' 신호를 만들어 보겠습니다.
먼저 수신호 입력을 하기 위해서는 카메라를 연결합니다.

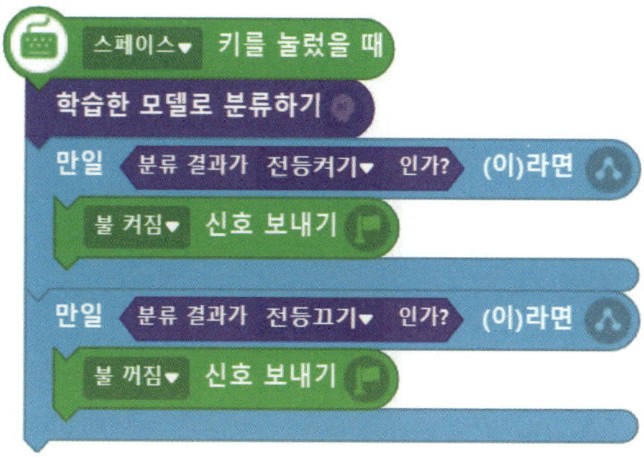
스페이스 키를 눌렀을 때
학습한 모델로 분류하기
만일 분류 결과가 전등켜기 인가? (이)라면
불 켜짐 신호 보내기
만일 분류 결과가 전등끄기 인가? (이)라면
불 꺼짐 신호 보내기

학습한 모델로 분류하기 로 AI 데이터 입력을 받습니다. 이번 AI 모델은 카메라입니다. 분류 결과 값에 따라 '불 켜짐', '불 꺼짐' 신호를 보냅니다.

AI 모델이 정상적으로 작동하는지 확인하여 봅시다. 웹캠으로 데이터를 입력합니다.

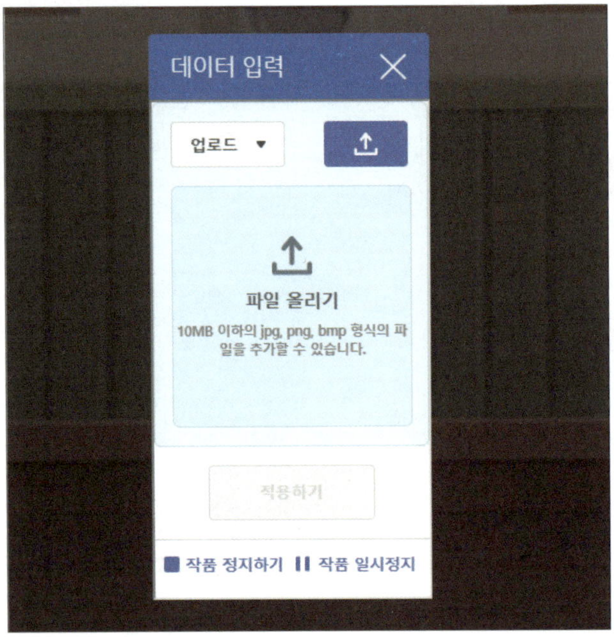

위에서 [스페이스▾ 키를 눌렀을 때]를 AI 데이터를 입력받도록 코딩하였습니다. 스페이스 키를 눌러 데이터 입력 화면이 나오도록 합니다.

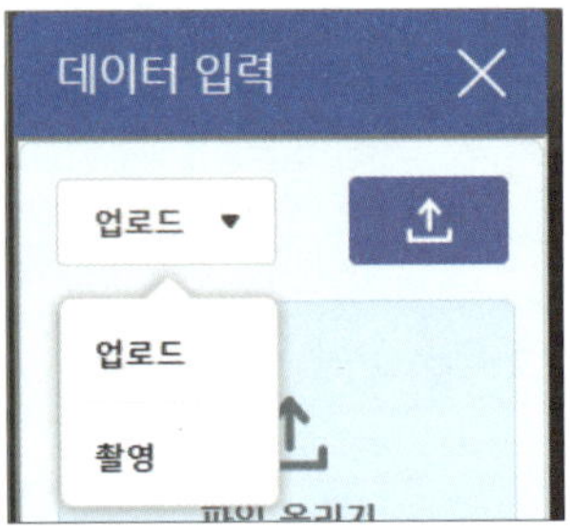

데이터 입력에서 입력방법을 '촬영'으로 선택합니다.

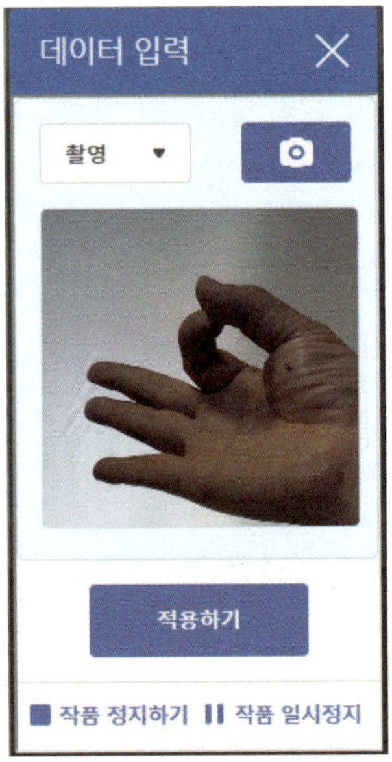

[카메라] 버튼을 클릭하여 화면을 캡쳐합니다. 엄지와 검지를 말아 쥔 모습은 '불 켜짐' 신호입니다.

[적용하기]를 클릭하여 데이터를 입력합니다.

체육관에 불이 환하게 켜지는 것을 확인합니다. 전등이 켜짐과 동시에 체육관도 환하게 변해야 합니다.

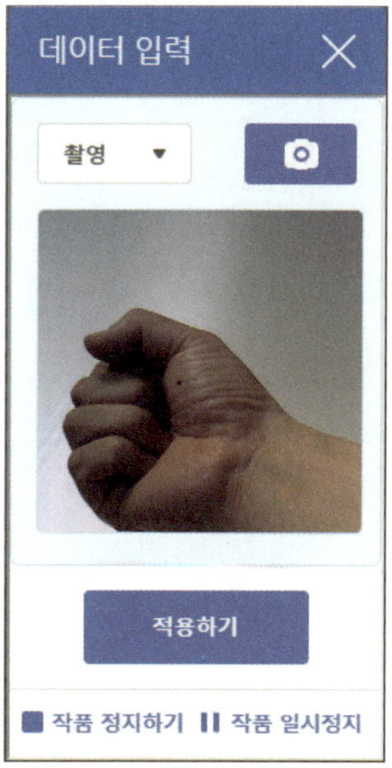

 버튼을 클릭하여 화면을 캡쳐합니다. 주먹을 쥔 모습은 '불 꺼짐' 신호입니다.

를 클릭하여 데이터를 입력합니다.

체육관에 불이 어둡게 꺼지는 것을 확인합니다. 전등이 꺼짐과 동시에 체육관도 어둡게 변해야 합니다.

7 AI 코딩 확률 높이기

카메라 화면에 정확하지 않은 동작에 기기가 작동되어서는 안됩니다. 따라서 어느 정도 정확한 데이터가 입력되었는지를 확인하고 작동하도록 AI 코딩의 정확도를 높이겠습니다.

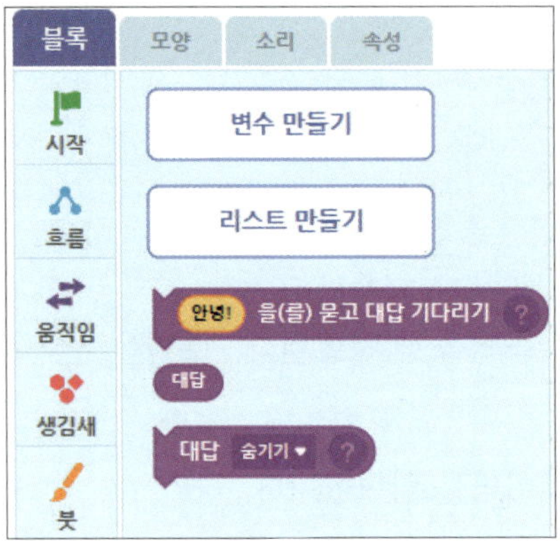

[변수 만들기]로 새로운 변수를 만듭니다.

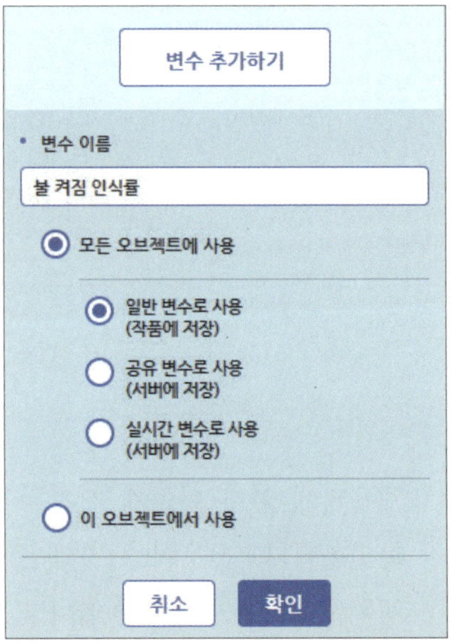

변수 이름을 '불 켜짐 인식률' 넣습니다. '불 켜짐' 인식률을 표시하도록 합니다.

[변수 추가하기]를 클릭하여 '불 꺼짐 인식률'을 추가로 작성합니다. '불 꺼짐' 인식률을 표시합니다.

불 켜짐 인식률과 불 꺼짐 인식률이 표시되도록 합니다. 프로그램의 실행에는 상관이 없으나 수신호의 표시 인식률을 표시하여 정상작동과 오작동에 대한 정확한 값을 찾을 수 있습니다.

불 켜짐 인식률▾ 를 전등켜기▾ 에 대한 신뢰도 (으)로 정하기

학습한 모델로 분류하기 를 통하여 AI 인식 모델을 분류한 다음에 '불 켜짐 인식률'의 변수에 적용한다.

불 꺼짐 인식률▾ 를 전등끄기▾ 에 대한 신뢰도 (으)로 정하기

학습한 모델로 분류하기 를 통하여 AI 인식 모델을 분류한 다음에 '불 꺼짐 인식률'의 변수에 적용한다.

'불 켜짐 인식률', '불 꺼짐 인식률'이라는 변수에 AI 신뢰도 값이 입력되도록 합니다.

불 켜짐 인식률▾ 값 > 0.60

판단 에서 10 > 10 를 가져옵니다.
변수 불 켜짐 인식률▾ 값 을 넣어서 구성합니다.
'불 켜짐 인식률' 값이 0.60보다 크면 조건문이 참값이 되도록 합니다.

만일 불 켜짐 인식률▾ 값 > 0.60 (이)라면
불 켜짐▾ 신호 보내기

불 켜짐 인식률▾ 값 > 0.60

'불 켜짐 인식률' 값이 0.60 이상이 되면 작동하도록 합니다.

만일 불 꺼짐 인식률▾ 값 > 0.60 (이)라면
불 꺼짐▾ 신호 보내기

'불 꺼짐 인식률' 값이 0.60 이상이 되면 작동하도록 합니다.

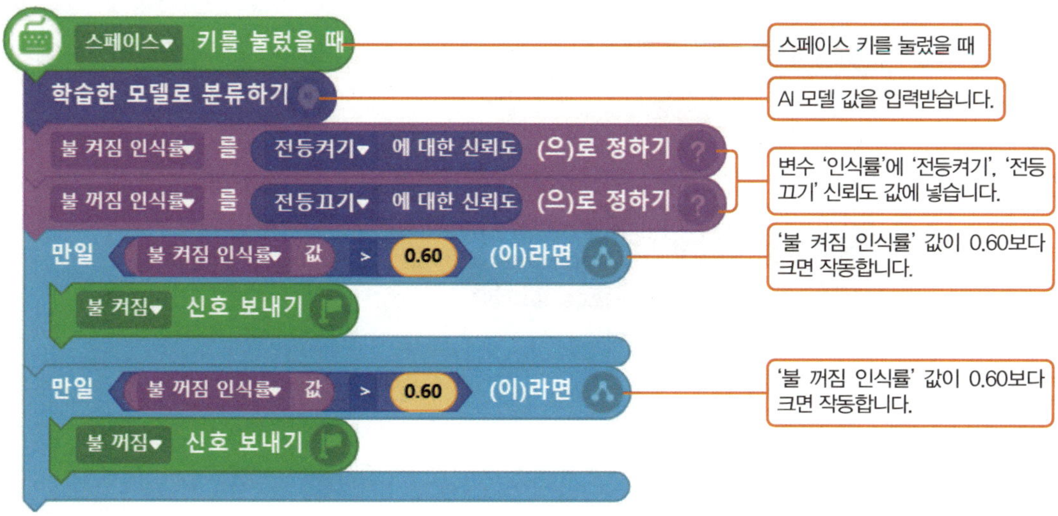
스페이스▾ 키를 눌렀을 때
학습한 모델로 분류하기
불 켜짐 인식률▾ 를 전등켜기▾ 에 대한 신뢰도 (으)로 정하기
불 꺼짐 인식률▾ 를 전등끄기▾ 에 대한 신뢰도 (으)로 정하기
만일 불 켜짐 인식률▾ 값 > 0.60 (이)라면
불 켜짐▾ 신호 보내기
만일 불 꺼짐 인식률▾ 값 > 0.60 (이)라면
불 꺼짐▾ 신호 보내기
스페이스 키를 눌렀을 때
AI 모델 값을 입력받습니다.
변수 '인식률'에 '전등켜기', '전등끄기' 신뢰도 값에 넣습니다.
'불 켜짐 인식률' 값이 0.60보다 크면 작동합니다.
'불 꺼짐 인식률' 값이 0.60보다 크면 작동합니다.

전체 블록

'전등' 오브젝트

```
스페이스▼ 키를 눌렀을 때
학습한 모델로 분류하기
불 켜짐 인식률▼ 를 전등켜기▼ 에 대한 신뢰도 (으)로 정하기
불 꺼짐 인식률▼ 를 전등끄기▼ 에 대한 신뢰도 (으)로 정하기
만일 불 켜짐 인식률▼ 값 > 0.60 (이)라면
    불 켜짐▼ 신호 보내기
만일 불 꺼짐 인식률▼ 값 > 0.60 (이)라면
    불 꺼짐▼ 신호 보내기
```

```
불 켜짐▼ 신호를 받았을 때
전등_켜짐▼ 모양으로 바꾸기
```

```
불 꺼짐▼ 신호를 받았을 때
전등_꺼짐▼ 모양으로 바꾸기
```

'실내체육관' 오브젝트

```
불 켜짐▼ 신호를 받았을 때
밝기▼ 효과를 0 (으)로 정하기
```

```
불 꺼짐▼ 신호를 받았을 때
밝기▼ 효과를 -100 (으)로 정하기
```

실행화면

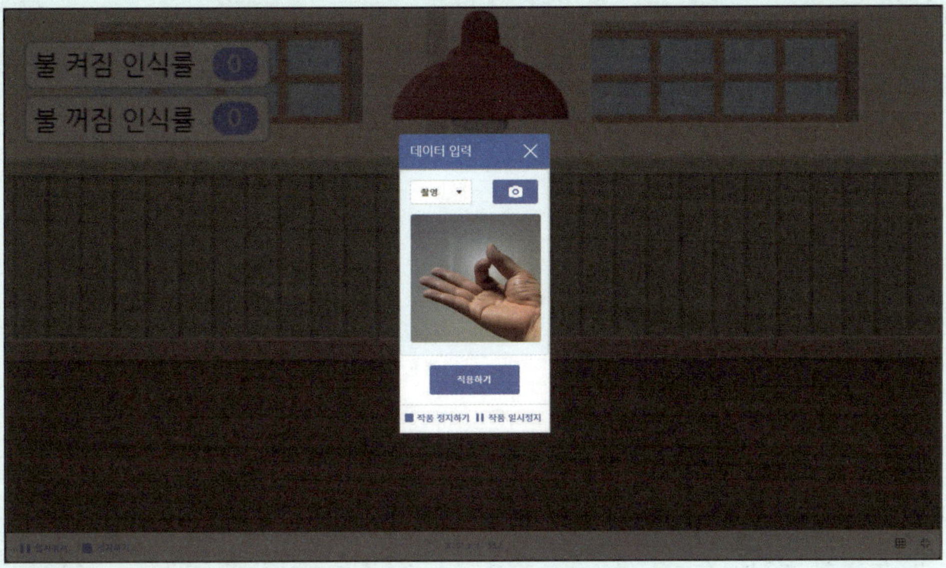

Qz 퀴즈

Q. '신뢰도' 블록을 사용하면 좋은 점은 무엇인가요?

① 프로그램의 실행시 오작동을 방지할 수 있다.

② 신뢰도 블록은 필요하지 않은 블록이다.

③ 카메라 인식 블록에서는 '신뢰도' 블록은 필요없다.

④ 음성 인식 방법은 신뢰도 블록이 꼭 있어야 실행된다.

⑤ 음성 데이터는 최소한 5개 이상은 입력되어야 한다.

정답 : ①

Quest 15

Quest 15 얼굴만 봐도 알아요!

선생님이 체육관의 구조를 잘 알기 때문에 문을 열기 위해 조정실에 들어갔다가 오히려 AI스쿨바이러스에 의해 갇히고 만다. 교수님은 지금 학회 참석 중이라 연락이 안 된다. 아이들은 선생님을 구출하기 위한 의지를 불태운다.

바이러스를 무찌르기 위해서 저기 조정실에 있는 AI스쿨 바이러스에 감염된 메인 컴퓨터 치료를 위해 AI 백신봇을 투입해야 해!
AI 스쿨 바이러스를 무찌를 수 있는 궁극의 방법을! 결국 체육관 조정실로 들어가야 해요.
항상 교수님은 말씀하셨지! 바이러스가 할 수 있는 기능을 백신봇도 할 수 있어야 바이러스를 물리칠 수 있다구!
짜자자자잔!!
제이, 화이팅!
꼭 조정실에 들어가서 AI스쿨 바이러스보다 더 똑똑한 AI백신봇을 투입해줘!
쌩-
제이...

바이러스가 더 이상 침투하지 않는 튼튼한 방어벽을 만들어야 합니다. 하지만, AI 백신봇은 들어갈 수 있어야 하겠지요? 이번 퀘스트에서는 AI의 얼굴인식 기능을 만들어보겠습니다. 나를 알아보는 컴퓨터 정말 멋지겠죠?

1 오브젝트 구성하기

'오브젝트 추가하기'에서 '실내 체육관'을 불러옵니다.

'오브젝트 추가하기'에서 자동문을 검색하여 추가합니다. 체육관의 오른쪽에 자동문 오브젝트를 적절히 배치합니다.

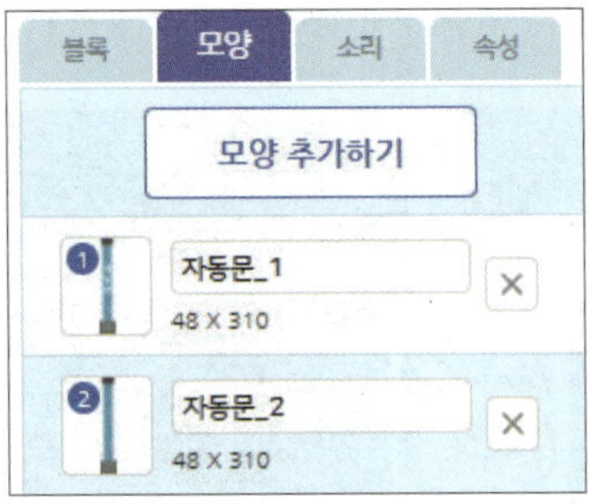

자동문의 모양 탭에서 모양은 2가지로 되어 있습니다.
'자동문_닫힘', '자동문_열림'으로 이름을 지어줍니다.

'자동문_열림'을 선택하여 편집을 합니다.

중간 부분을 선택한 후 자르기 를 하여 문이 열리도록 합니다.

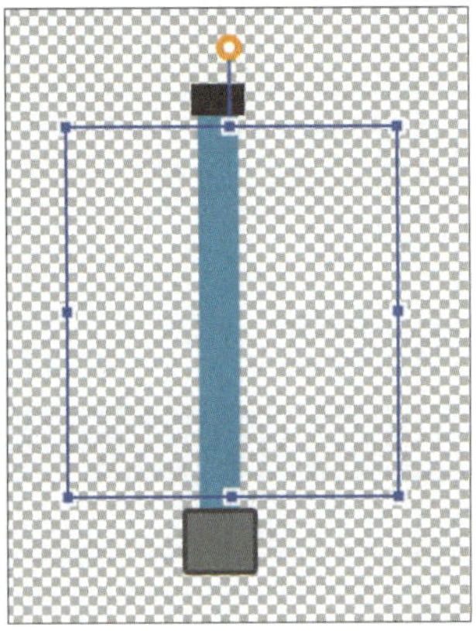

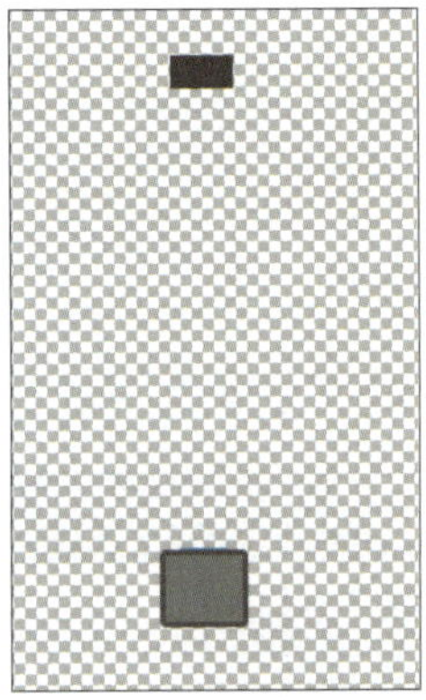

엔트리봇이 자동문을 인식하고 통과할 수 있도록 구성합니다.

② AI 모델 학습하기

[인공지능 모델 학습하기] 로 AI 모델을 만듭니다.

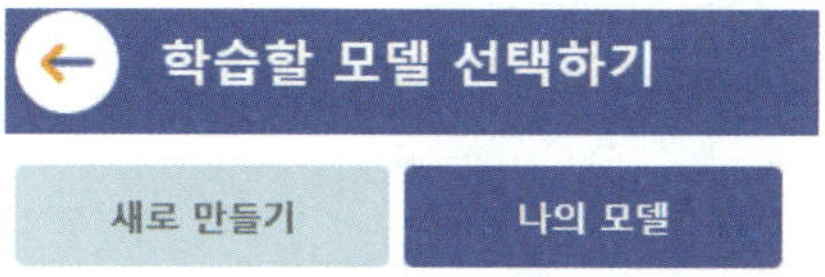

학습할 모델 선택하기
새로 만들기
나의 모델

[새로 만들기] 를 클릭하여 새로운 AI 모델을 만듭니다.

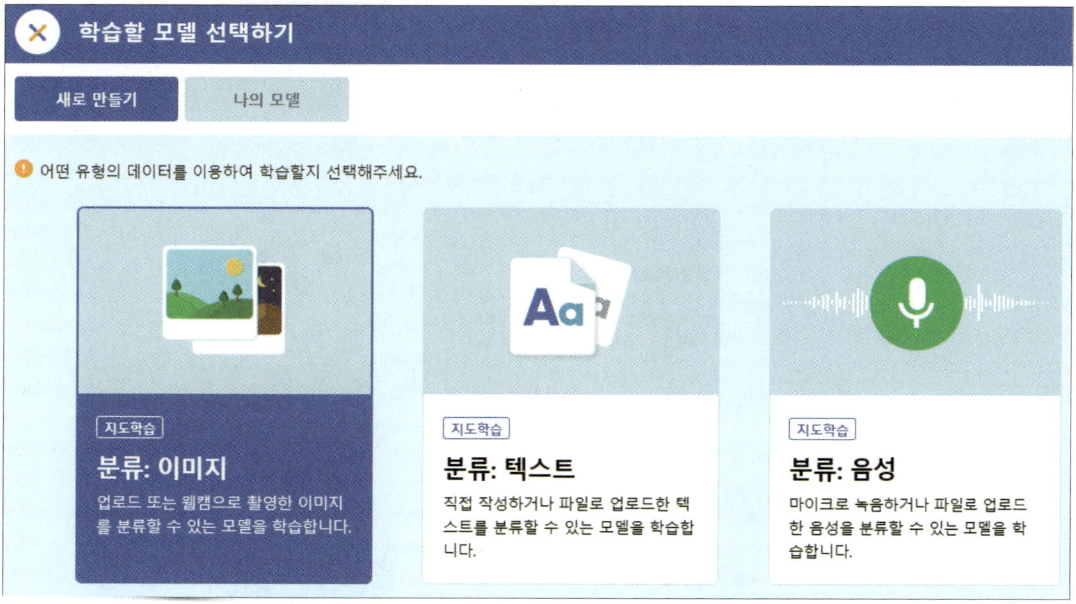

학습할 모델 선택하기
새로 만들기
나의 모델
어떤 유형의 데이터를 이용하여 학습할지 선택해주세요.
지도학습
분류: 이미지
업로드 또는 웹캠으로 촬영한 이미지를 분류할 수 있는 모델을 학습합니다.
지도학습
분류: 텍스트
직접 작성하거나 파일로 업로드한 텍스트를 분류할 수 있는 모델을 학습합니다.
지도학습
분류: 음성
마이크로 녹음하거나 파일로 업로드한 음성을 분류할 수 있는 모델을 학습합니다.

지도학습
분류: 이미지
업로드 또는 웹캠으로 촬영한 이미지를 분류할 수 있는 모델을 학습합니다.

학습할 모델에서 '분류: 이미지'를 선택합니다. 이미지 AI 학습을 위해서는 웹캠이 연결되어 있어야 합니다.

[학습하기] 를 클릭하여 '이미지 모델학습하기'를 시작합니다.

AI 모델의 이름은 '얼굴인식'으로 데이터의 클래스는 '얼굴인식성공', '얼굴인식실패' 2개를 만듭니다.

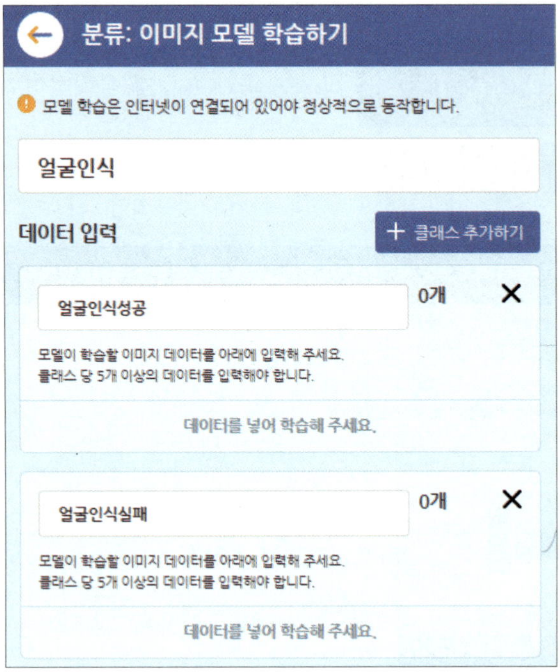
분류: 이미지 모델 학습하기
모델 학습은 인터넷이 연결되어 있어야 정상적으로 동작합니다.
얼굴인식
데이터 입력
+ 클래스 추가하기
얼굴인식성공
0개
모델이 학습할 이미지 데이터를 아래에 입력해 주세요.
클래스 당 5개 이상의 데이터를 입력해야 합니다.
데이터를 넣어 학습해 주세요.
얼굴인식실패
0개
모델이 학습할 이미지 데이터를 아래에 입력해 주세요.
클래스 당 5개 이상의 데이터를 입력해야 합니다.
데이터를 넣어 학습해 주세요.

'얼굴인식성공' 클래스의 데이터를 입력합니다.

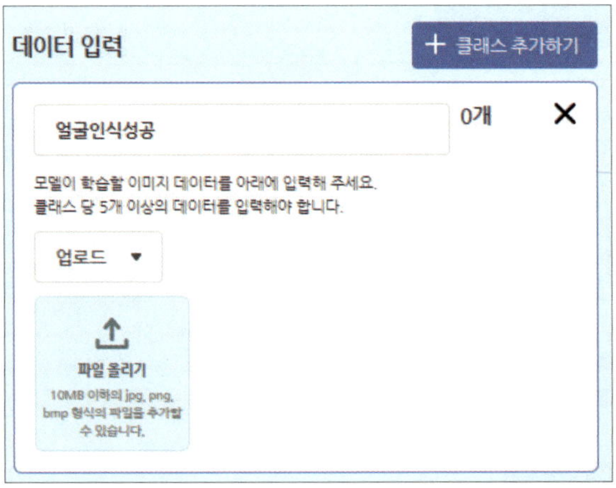
데이터 입력
+ 클래스 추가하기
얼굴인식성공
0개
모델이 학습할 이미지 데이터를 아래에 입력해 주세요.
클래스 당 5개 이상의 데이터를 입력해야 합니다.
업로드
파일 올리기
10MB 이하의 jpg, png, bmp 형식의 파일을 추가할 수 있습니다.

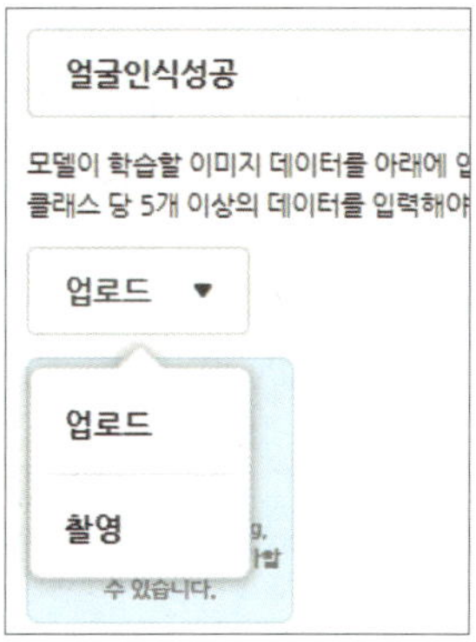

데이터 입력은 '업로드', '촬영'의 2가지 방법으로 할 수 있습니다.

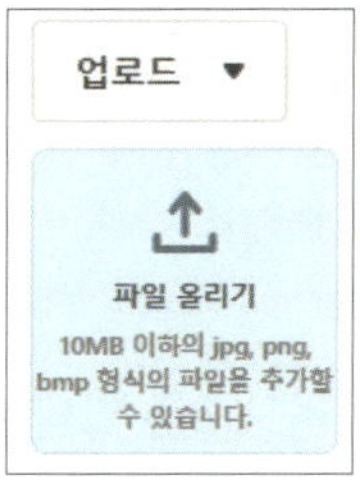

업로드 방식은 10mb 이하의 jpg, png, bmp 파일의 형식으로 올릴 수 있습니다. 고해상도 스마트폰의 이미지의 경우 10mb가 넘는 경우가 있습니다. 이럴 경우에는 용량을 줄여서 올려야 합니다.

③ 데이터 입력하기

파일 올리기를 클릭하여 여러 가지 엔트리봇의 이미지를 올립니다. 나의 얼굴을 인식시키기 위해서는 웹캠으로 찍어서 올리면 됩니다.

파일 올리기를 할 때 하나의 폴더에서 전체를 선택하여 한번에 올릴 수 있습니다.

여러분들이 직접 실습할 때에는 직접 웹캠으로 찍어서 나의 얼굴을 인식하여 올려보도록 합니다.

얼굴인식성공
17개
모델이 학습할 이미지 데이터를 아래에 입력해 주세요.
클래스 당 5개 이상의 데이터를 입력해야 합니다.
업로드
파일 올리기
10MB 이하의 jpg, png, bmp 형식의 파일을 추가할 수 있습니다.

최소 5개 이상의 이미지를 올려야 AI 모델을 위한 학습이 가능합니다. 그림에서는 17개의 이미지를 올렸습니다.

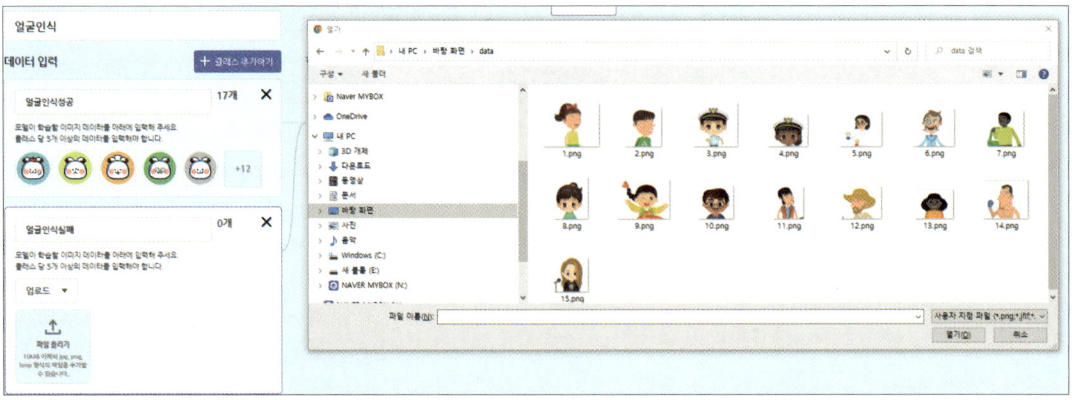

얼굴인식실패가 되는 엔트리봇 이외의 캐릭터의 이미지를 올립니다. 여러분이 직접 실습할 때의 주변 친구들, 가족들의 여러 가지 표정이 담긴 사진을 웹캠을 활용하여 올리면 좋겠습니다.

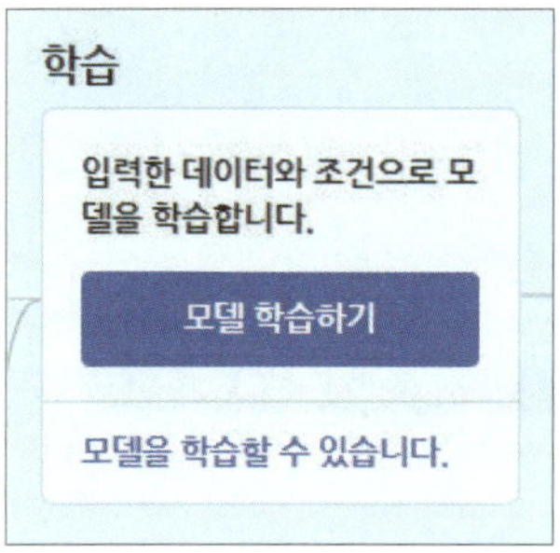

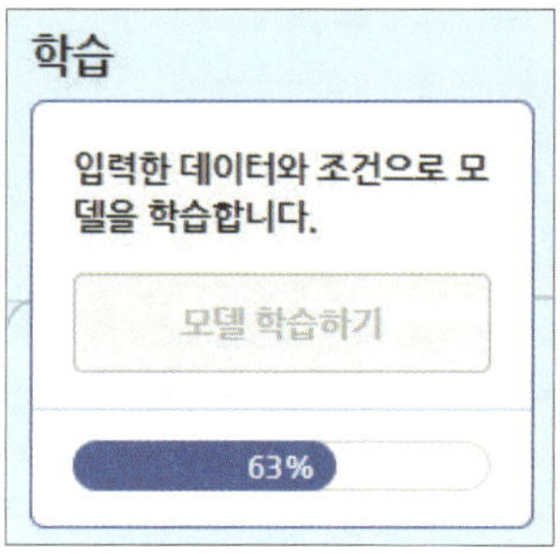

[모델 학습하기]를 클릭하여 학습을 진행합니다. 데이터의 양에 따라 학습시간이 5분이상이 걸릴 수도 있습니다.

엔트리봇과 엔트리봇이 아닌 사진을 업로드하여 얼굴인식성공률을 확인합니다.

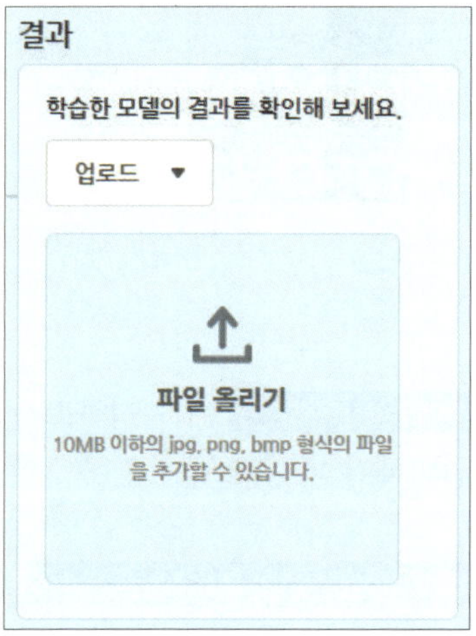

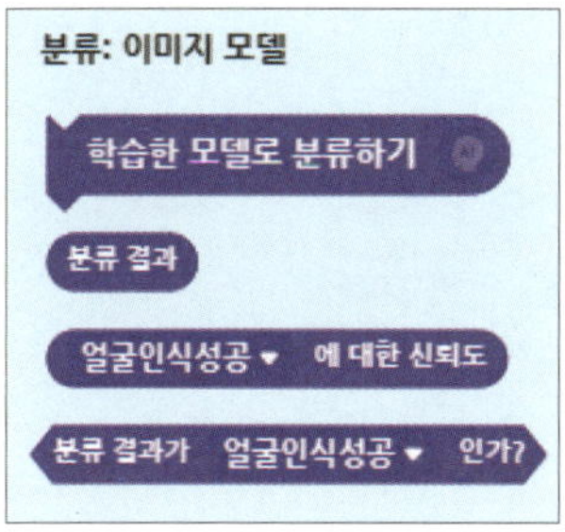

데이터가 부족하여 인식율이 낮으면 데이터를 더 만들어 넣도록 합니다. 다양한 표정, 각도의 사진을 올려보도록 합니다.

[적용하기]를 클릭하여 AI 블록이 생성되도록 합니다.

4 엔트리봇 코딩하기

엔트리봇이 자동문으로 걸어가서 앞에 서면 얼굴인식 AI 모델을 호출합니다. 인식이 성공하면 자동문이 열리는 코딩을 만들어 보겠습니다.

엔트리봇의 화살표 방향을 자동문 쪽으로 향하도록 합니다. [이동 방향으로 10 만큼 움직이기] 을 10번 반복하여 자동문을 향해 걸어가도록 합니다.

시작하기 버튼을 클릭했을 때
10 번 반복하기
이동 방향으로 10 만큼 움직이기
다음 ▾ 모양으로 바꾸기
0.5 초 기다리기

[인공지능] 에서 [학습한 모델로 분류하기] 를 불러와 블록을 추가합니다. [학습한 모델로 분류하기] 는 인식하고자 하는 데이터를 불러오는 블록입니다. AI 이미지 모델이니 이미지를 입력해야 되겠지요.

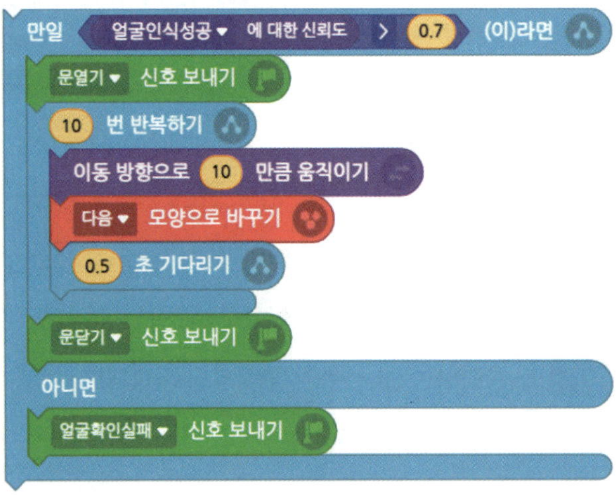

만일 얼굴인식성공 ▾ 에 대한 신뢰도 > 0.7 (이)라면
문열기 ▾ 신호 보내기
10 번 반복하기
이동 방향으로 10 만큼 움직이기
다음 ▾ 모양으로 바꾸기
0.5 초 기다리기
문닫기 ▾ 신호 보내기
아니면
얼굴확인실패 ▾ 신호 보내기

얼굴인식성공 ▾ 에 대한 신뢰도 > 0.7

[분류 결과가 얼굴인식성공 ▾ 인가?] 블록과 다른 점은 데이터를 인식하는 신뢰도가 70%가 넘어야 인식성공으로 하겠다는 것입니다. 보다 더 신뢰도가 높다고 볼 수 있겠습니다.

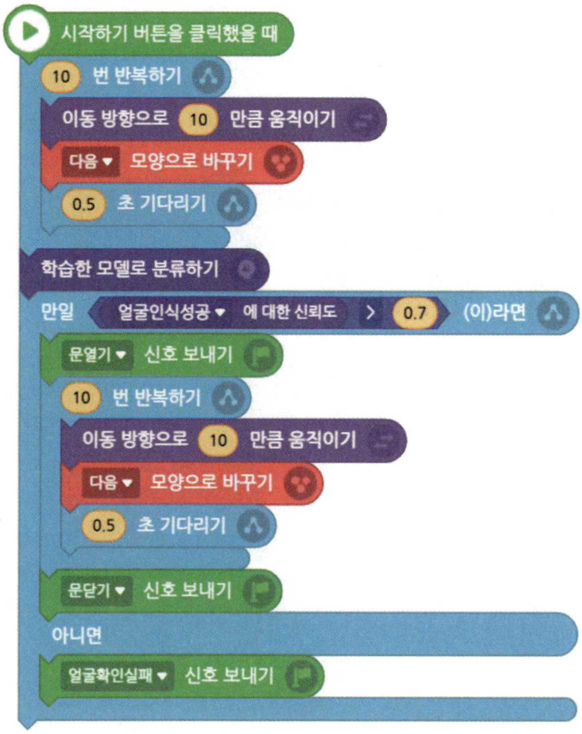
시작하기 버튼을 클릭했을 때
10 번 반복하기
이동 방향으로 10 만큼 움직이기
다음 ▾ 모양으로 바꾸기
0.5 초 기다리기
학습한 모델로 분류하기
만일 얼굴인식성공 ▾ 에 대한 신뢰도 > 0.7 (이)라면
문열기 ▾ 신호 보내기
10 번 반복하기
이동 방향으로 10 만큼 움직이기
다음 ▾ 모양으로 바꾸기
0.5 초 기다리기
문닫기 ▾ 신호 보내기
아니면
얼굴확인실패 ▾ 신호 보내기

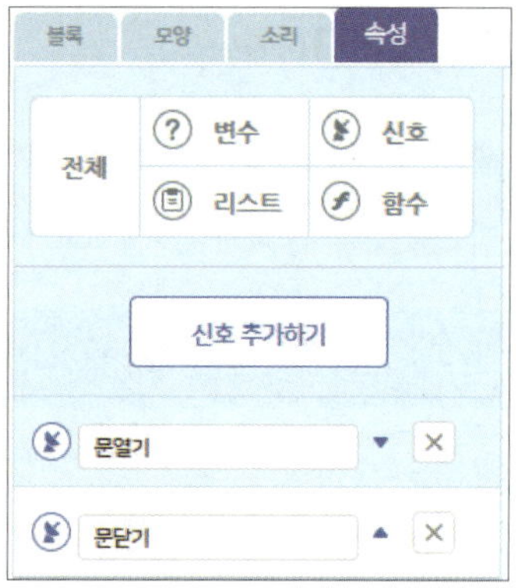
블록
모양
소리
속성
전체
변수
신호
리스트
함수
신호 추가하기
문열기
문닫기

❶ 속성에서 '문열기', '문닫기' 신호를 추가합니다.

❷ '얼굴인식성공'에 대한 신뢰도가 70%가 넘으면 '문열기' 신호를 보내고, 신뢰도가 70%가 되지 않으면 '문닫기' 신호를 보내게 코딩합니다.

❸ 엔트리봇의 모든 블록을 완성하면 왼쪽블록과 같습니다.

5 '자동문' 오브젝트 코딩하기

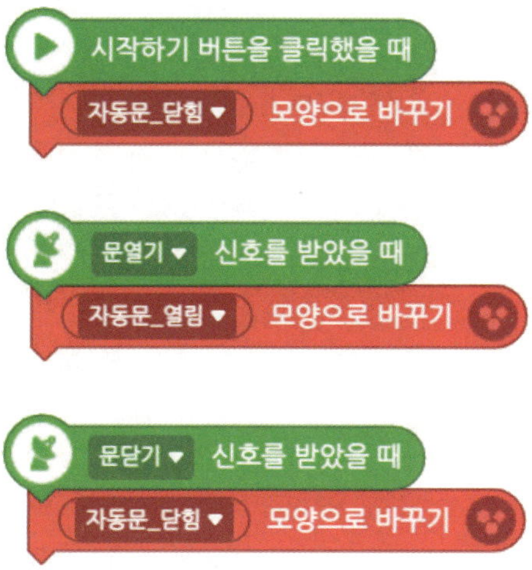
시작하기 버튼을 클릭했을 때
자동문_닫힘 ▾ 모양으로 바꾸기
문열기 ▾ 신호를 받았을 때
자동문_열림 ▾ 모양으로 바꾸기
문닫기 ▾ 신호를 받았을 때
자동문_닫힘 ▾ 모양으로 바꾸기

❶ '자동문' 코딩은 간단합니다. 시작할 때 자동문은 닫혀 있도록 합니다.

❷ "문열기' 신호를 받으면 '자동문_열림', '문닫기' 신호를 받으면 '자동문_닫힘'으로 모양이 바뀌도록 합니다.

6 '글상자' 코딩하기 A

오브젝트 추가하기에서 글상자 탭을 클릭합니다.

내용에 "얼굴을 인식하여 주세요."라고 입력하고 적용하기를 클릭합니다.

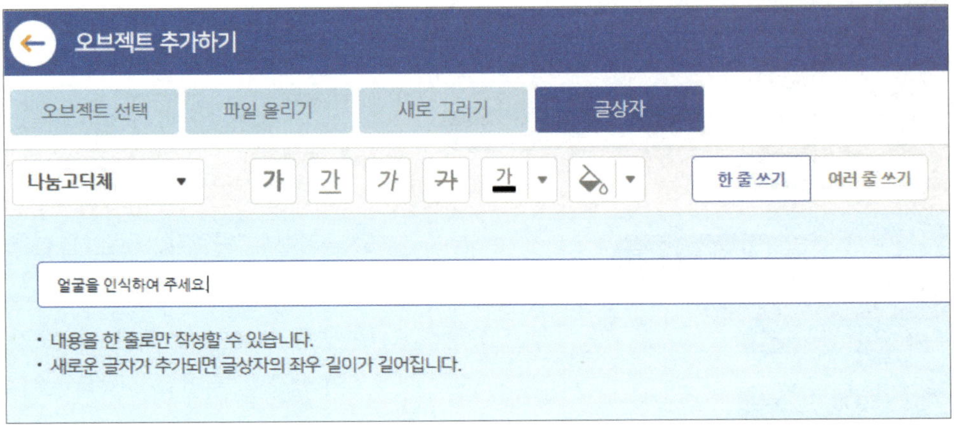

오브젝트 추가하기
오브젝트 선택
파일 올리기
새로 그리기
글상자
나눔고딕체
한 줄 쓰기
여러 줄 쓰기
얼굴을 인식하여 주세요
• 내용을 한 줄로만 작성할 수 있습니다.
• 새로운 글자가 추가되면 글상자의 좌우 길이가 길어집니다.

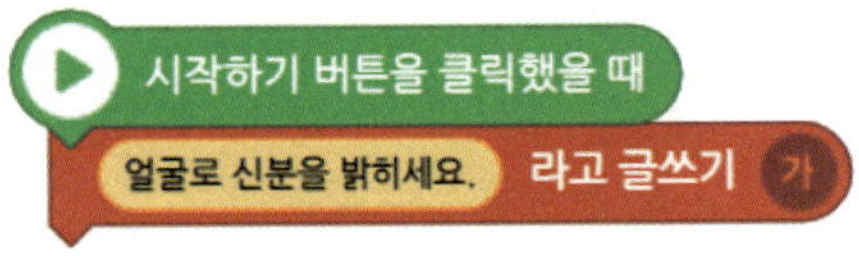

시작하기 버튼을 클릭했을 때
얼굴로 신분을 밝히세요. 라고 글쓰기

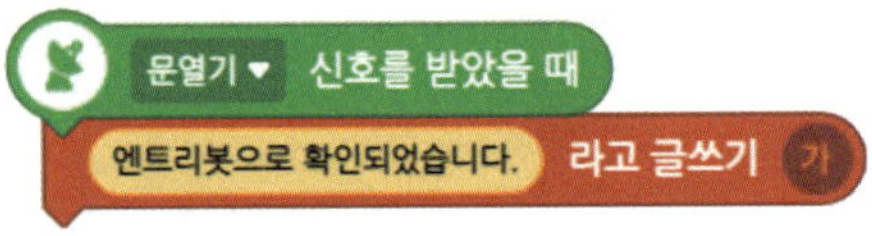

문열기 신호를 받았을 때
엔트리봇으로 확인되었습니다. 라고 글쓰기

얼굴확인실패 신호를 받았을 때
얼굴인식에 실패하였습니다. 라고 글쓰기

시작할 때 "얼굴로 신분을 밝히세요."
문열기 신호를 받으면 "엔트리봇으로 확인되었습니다."
얼굴확인실패 신호를 받으면 "얼굴인식에 실패하였습니다."
각각의 문자가 출력되도록 코딩합니다.

전체 블록

'엔트리봇' 오브젝트

```
시작하기 버튼을 클릭했을 때
10 번 반복하기
    이동 방향으로 10 만큼 움직이기
    다음 ▾ 모양으로 바꾸기
    0.5 초 기다리기
학습한 모델로 분류하기
만일 얼굴인식성공 ▾ 에 대한 신뢰도 > 0.7 (이)라면
    문열기 ▾ 신호 보내기
    10 번 반복하기
        이동 방향으로 10 만큼 움직이기
        다음 ▾ 모양으로 바꾸기
        0.5 초 기다리기
    문닫기 ▾ 신호 보내기
아니면
    얼굴확인실패 ▾ 신호 보내기
```

'자동문' 오브젝트

```
시작하기 버튼을 클릭했을 때
자동문_닫힘 ▾ 모양으로 바꾸기

문열기 ▾ 신호를 받았을 때
자동문_열림 ▾ 모양으로 바꾸기

문닫기 ▾ 신호를 받았을 때
자동문_닫힘 ▾ 모양으로 바꾸기
```

A '글상자' 오브젝트

```
시작하기 버튼을 클릭했을 때
얼굴로 신분을 밝히세요. 라고 글쓰기

문열기 ▾ 신호를 받았을 때
엔트리봇으로 확인되었습니다. 라고 글쓰기

얼굴확인실패 ▾ 신호를 받았을 때
얼굴인식에 실패하였습니다. 라고 글쓰기
```

실행화면

Qz 퀴즈

Q. 얼굴인식 AI를 활용하면 좋은 점이 아닌 것은?

① 스마트폰에 얼굴인식 잠금해제 장치가 있다.

② 현관문에 얼굴인식 장치를 달 수 있다.

③ 노트북에 얼굴인식 잠금 장치가 있다.

④ 얼굴인식 장치는 안전하지 않기 때문에 사용하지 말아야 한다.

⑤ 들고 다니는 열쇠를 분실하여도 안전하게 출입문을 이용할 수 있다.

정답 : ④

STAGE ENDING

모두 힘을 모아 AI 백신봇은 AI 스쿨바이러스와 대결에서 이기게 되고, 체육관 시설은 다시 원래대로 돌아가게 된다. 잠긴 문도 열리며 이제 해방된 제이와 친구들.

으아악! 이번에도 이렇게 끝나다니 이럴 수 없어! 전세계를 감염시켜야… 내가 다시
캬아아아악
캑
캑
드디어 이겼다! 우리가 해냈다고!
하하하
하하
호호호
하하하 이번에도 제이와 친구들 덕분에 바이러스를 해결하였구나. 그럼 다음에 봐요~
네, 교수님 안녕히 계세요!
휴… 스마트폰을 놓고 갈 뻔했네.
부웅~
깜빡
깜빡

암호 카드 샘플

Quest 11에서 사용하는 암호 카드입니다. 카드를 떼내어 카메라에 비추어 사용하세요.

엔트리 AI 퀘스트 이재호 교수의 사고력 코딩

인쇄 : 2022년 3월 4일 초판 1쇄
발행 : 2022년 3월 11일 초판 1쇄

저자 : 이재호, 장준형, 백승욱, 정홍원

발행인 : 송준
발행처 : 도서출판 홍릉

주 소 : 서울시 강북구 인수봉로 50길 10
전 화 : 02-999-2274~5 **팩 스** : 02-905-6729
e-mail : hongpub@hongpub.co.kr
홈페이지 : www.hongpub.co.kr

편집 진행 : 앤미디어(master@nmediabook.com) | **전산 편집** : 앤미디어 | **표지** : 앤미디어

ISBN : 979-11-5600-960-3(73000)
정 가 : 18,000원

파본이나 잘못된 책은 교환하여 드립니다.